dtv
premium

ALVA GEHRMANN

ALLES GANZ ISI

Isländische Lebenskunst für Anfänger und Fortgeschrittene

Mit 86 Schwarzweißabbildungen

Deutscher Taschenbuch Verlag

FSC
www.fsc.org
MIX
Papier aus verantwortungsvollen Quellen
FSC® C013736

Originalausgabe 2011
3. Auflage 2013

Umschlagkonzept: Balk & Brumshagen
Umschlagbild: Zsuzsanna Ilijin
Layout: Stefan Krickl, München
Redaktion, Innengestaltung und Satz: Olaf Benzinger,
Verlagsbüro Lektyre, Germering
Gesetzt aus der Avenir 45 10/13,5°
Druck und Bindung: Kösel, Krugzell
Gedruckt auf säurefreiem, chlorfrei gebleichtem Papier
Printed in Germany · ISBN 978-3-423-24874-7

Inhalt

Vorwort

Eigentlich bin ich ein gut organisierter Mensch. Ich mache To-do-Listen, habe ein schlechtes Gewissen, wenn ich auf eine SMS nicht direkt antworte, und versuche, berufliche Reisen immer genau zu planen. Das ist zwar aufwändig, doch es geht ja nur so. Dachte ich. Und so war meine erste Reise nach Island auch ein Schock. Während ich zwei Wochen vorher die Interviews mit einer Mitarbeiterin des Außenministeriums, mit dem Fernsehstar, der Polizeisoziologin und anderen verabreden wollte, bekam ich fast immer die gleiche Antwort: »Ruf mich am Tag vorher noch mal an, dann kriegen wir das schon irgendwie hin.« Was? Am Tag vorher? Ich bin aber doch insgesamt nur vier Tage in Island und muss zehn Leute treffen. Ich war in Panik.

Und dann machte ich das, was die Isländer auch tun. Ich gab mich dem Flow hin, ließ die Dinge einfach laufen. Und siehe da, es klappte. Die Termine ergänzten sich perfekt, und wo es doch Überschneidungen gab, waren selbst der viel beschäftigte TV-Moderator und die Ministeriumsbeamtin, die eigentlich ihre Kinder abholen wollte, flexibel genug, eine Alternative anzubieten. Sicherlich sind die Entfernungen in Reykjavík nicht so groß wie in Berlin, doch es ist vor allem eine Frage der Haltung.

Das war vor gut fünf Jahren. Und so begann eine zarte Liebesgeschichte zwischen Island und mir. Schon einige Jahre zuvor war ich als Backpackerin mit 14 Kilo auf dem Rücken um die Insel gereist, sah mir an, wie riesige Eisbrocken in einem Gletschersee trieben, wurde im Hochland beinahe von einem Sturm weggepustet und genoss die weiten Landschaften, in denen kein Baum den Panoramablick trübt.

Island gab mir immer ein Gefühl von Freiheit, nicht nur in der scheinbar unbegrenzten Natur, sondern vor allem durch die Lebensart der Inselbewohner. Sie trauen sich, jede noch so verrückte Idee auszuprobieren – und zwar stets mit hundertprozentiger Leidenschaft. Wenn es nicht klappt, ist das nicht so schlimm. Dann versuchen sie eben etwas Neues. Mittlerweile verbringe ich jedes Jahr mehrere Monate im Land, ich schreibe Reportagen über die Isländer, reise beruflich und privat um die Insel und lebe meist in derselben Reykjavíker Wohnung: im Haus eines älteren Ehepaares, das mir liebevoll hilft, mein Isländisch zu verbessern.

Ist ihre Wohnung belegt, bieten mir Freunde, die nur auf 25 Quadratmetern leben, selbstverständlich an, bei ihnen zu bleiben. Nicht nur mal für eine Nacht, sondern für Wochen. Das Einzige, was sie stresst, ist mein Bedürfnis, mich ständig bei ihnen bedanken zu wollen – mit Worten oder Einladungen zum Essen. Für die Isländer ist es normal, zusammenzurücken und sich spontan auf neue Ereignisse einzustellen. Denn Vulkanausbrüche stehen in keinem Terminkalender, genauso wenig wie große Finanzkrisen, die plötzlich über sie hereinbrechen. Ihr Land ist ständig in Bewegung, so nehmen sie Veränderungen erstaunlich gelassen hin und trauen sich, immer wieder andere Wege zu gehen.

Nach dem Finanzcrash wählten die Reykjavíker den berühmtesten Komiker des Landes zu ihrem Bürgermeister, obwohl der im Wahlkampf versprach, offen korrupt zu sein und nur sich und seine Freunde zu bereichern. Die Isländer nehmen das Leben und die Krisen nicht so ernst, denn eigentlich ist ihre unwirtliche

Insel im abgelegenen Nordatlantik eine einzige Krise. Dafür aber auch eine sehr schöne, kreative und spannende.

Also: Alles ganz Isi!

PS: Da dies ein Buch über die isländische Lebensart ist und Sie ja offen sind, sich mit ihr zu beschäftigen, beginnen wir schon mal mit der ersten Lektion: In Island gibt es zwar theoretisch die formelle Anrede »Sie«, aber es duzen sich alle – selbst der Präsident wird mit Vornamen angesprochen. Darf ich mich dir also vorstellen: Mein Name ist Alva.

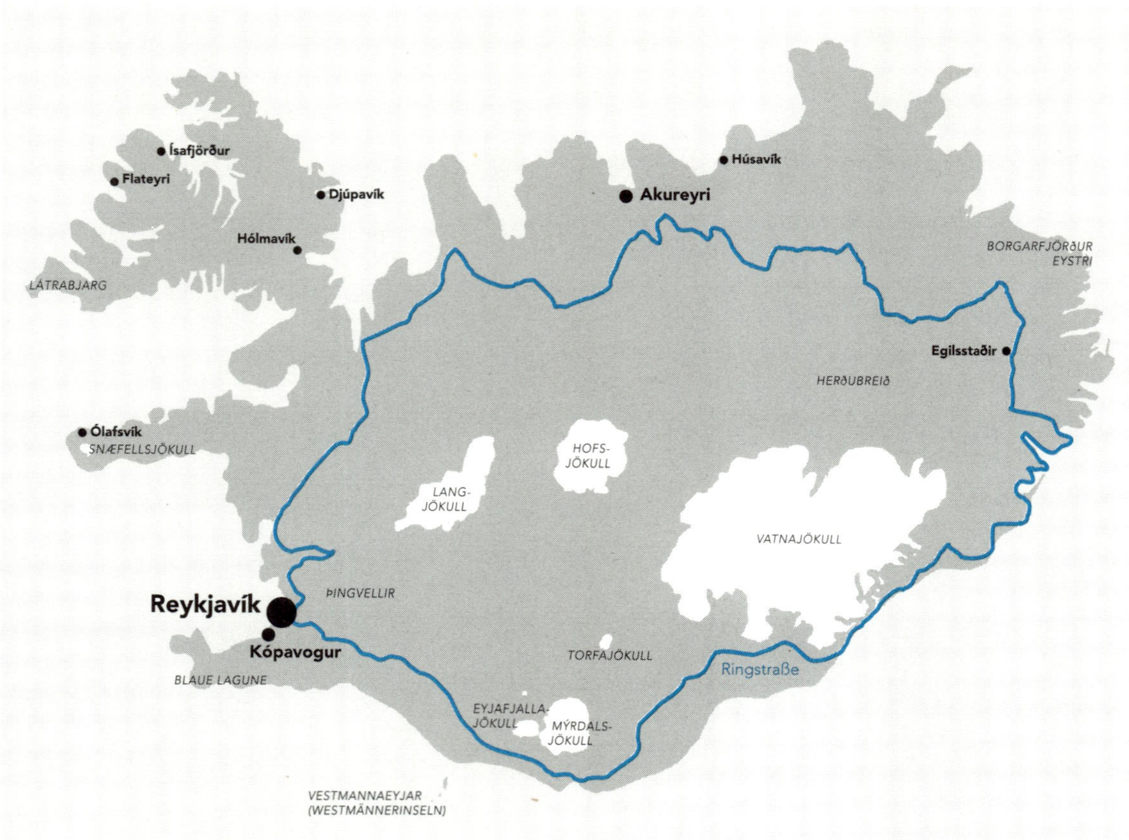
Ísafjörður
Flateyri
Djúpavík
Hólmavík
Látrabjarg
Akureyri
Húsavík
Borgarfjörður Eystri
Egilsstaðir
Herðubreið
Ólafsvík
Snæfellsjökull
Hofs-Jökull
Lang-Jökull
Vatnajökull
Þingvellir
Reykjavík
Kópavogur
Blaue Lagune
Torfajökull
Ringstraße
Eyjafjalla-Jökull
Mýrdals-Jökull
Vestmannaeyjar (Westmännerinseln)

1 Kreativität

Wir planen nicht gerne.
Wir wollen, dass die Zukunft spannend bleibt.

Hallgrímur Helgason, Schriftsteller

An einem Nachmittag im August unterhielt ich mich mit einer Freundin über ihre bevorstehende Ausstellung. Sirra Sigrún Sigurðardóttir ist eine bekannte Künstlerin aus Reykjavík, sie war mit ihrer Familie und einigen Kollegen zu Besuch in Berlin. Die Sonne schien, Sirra kam gerade vom Flohmarktbummel zurück. Bis die ersten Gäste zu ihrer Vernissage in der Galerie 111 kommen würden, waren es noch knapp zwanzig Stunden. »Was zeigst du morgen?«, fragte ich sie. »Hm, ich weiß noch nicht genau.« Sirra lächelte ein wenig verlegen, überlegte kurz. Bevor sie weiter antworten konnte, sprang ihre neunjährige Tochter Katrín für sie ein: »Mama, das ist doch kein Problem. Wenn uns nichts einfällt, machen wir einfach eine Performance!«

Irgendetwas findet sich immer. Sirra erzählte mir später, dass sie sich zwar schon grob überlegt hatte, mit dem Ort der Galerie zu arbeiten, etwas zu filmen, aber dass sie auch diesen Kick mag – etwas in kurzer Zeit zu kreieren. Die Galerie liegt in einem verwunschenen Hinterhof in der Torstraße 111 und ist einer der wenigen Plätze in Berlin-Mitte, die noch den Charme der Neunziger hat, als sich in scheinbar jedem Hinterhof und Keller eine Dienstagsbar, eine Mittwochskneipe oder ein geheimer Donnerstagsclub verbarg. Angesiedelt in einer Ruine, von der nur noch die erste Etage steht und aus der zweiten Birken in den Himmel wachsen, ist der Ort die perfekte Spielwiese für experimentelle Künstler wie Sirra und ihre Kollegen von der Kling & Bang Gallerí. Immer wieder kehren sie zurück und verwandeln den Hinterhof mit Happenings und Performances in ein Klein-Reykjavík. Genau wie diesmal.

Diese Lust am Spontanen ist kein Künstlerphänomen, sondern Teil der isländischen Identität: Isländer planen nicht gerne, sie wollen, dass die Zukunft aufregend und ungewiss bleibt. Und

Die Aussprache im Isländischen

Das isländische Alphabet verfügt über 32 Buchstaben, es gibt kein C, Q, W und in den siebziger Jahren wurde nach langen Debatten das Z abgeschafft. (Man sprach das Z ohnehin wie S aus, bei Eigennamen und Spezialitäten wie Pizza wird es aber weiterhin genutzt, denn »pissa« bedeutet im Isländischen »pinkeln«.) Dafür haben die Insulaner einige altnordische Zeichen: Das ð ähnelt dem stimmhaften »th« wie im englischen »this«; das æ wird wie »ai« / »ei« ausgesprochen, das þ erinnert an das stimmlose »th« wie im engl. »thick«. Als wäre das nicht schon kompliziert genug, wird »ll« oft wie »ttl« ausgesprochen: Der Nationalpark Þingvellir heißt dann also Thingvettlir. Dagegen sind die Vokale mit Akzent á (wie: »au«) und é (wie: »jä«) noch relativ einfach, beim u gilt es ebenfalls, auf das kleine Häkchen zu achten. Denn »full« bedeutet voll (auch im Sinne von betrunken) und »fúll« stocksauer, da kann es leicht zu Missverständnissen kommen. Immerhin ist auf eines Verlass: Im Isländischen wird jedes Wort auf der ersten Silbe betont.

irgendwie entspricht das ja ihrer weit abgelegenen Insel im Atlantischen Ozean. Natürlich machen auch sie Pläne und Termine, aber wer hier lebt, weiß, dass sich alles jederzeit ändern kann – durch Nieselregen, Schneestürme, Erdbeben oder Vulkanausbrüche. Die Natur zeigt den Isländern regelmäßig ihre Kraft und beeinflusst den Tagesablauf. Im Negativen wie im Positiven: Gibt es einen unerwartet warmen Tag, bekommen Schüler und Angestellte schon mal »sonnenfrei«.
Isländer müssen also von Natur aus flexibel und offen dafür sein, gerade gehegte Pläne wieder über Bord zu werfen. Das prägt, genau wie die Nähe untereinander in einer kleinen Gesellschaft mit knapp 320 000 Einwohnern, von denen fast zwei Drittel im Großraum Reykjavík leben. Viele kennen sich persönlich oder wissen zumindest, wer mit wem zur Schule gegangen ist oder mal ein Date hatte. Und im Zweifel ist man ohnehin miteinander verwandt. Das ist kein Klischee, sondern wissenschaftlich belegt.

Spontane Festivals

Die familiäre Nähe und die bisweilen raue Natur prägen auch das Musikfestival »Aldrei fór ég suður« (übersetzt: »Ich fuhr nie nach Süden«; mit Süden ist Reykjavík gemeint). Es ist das beste Beispiel für die isländische Lebensart, »eine lustige kleine Kreatur«, so nennt der Musiker Mugison sein Festival. Zum ersten Mal tauchte diese Kreatur 2004 in Ísafjörður auf und kommt seitdem jedes Jahr an Ostern zurück – ähnlich wie die großen Wale, die sich gelegentlich vor der Küste tummeln, um dann wieder in den Weiten des Meeres zu verschwinden. Die Hafenstadt liegt im äußersten Nordwesten Islands und gehört zu den einsamen Westfjorden, von denen Halldór Halldórsson, der langjährige Bürgermeister Ísafjörðurs, mal stolz sagte: »Diese Natur verlangt viel von dir, gibt dir aber auch viel zurück.«

Wenn deutsche Veranstalter sich das Konzept und die Organisation des Aldrei-Festivals ansehen würden, sie würden die Hände über dem Kopf zusammenschlagen. Das beginnt schon mit den örtlichen Gegebenheiten: Die Anreise aus dem 457 Straßenkilometer entfernten Reykjavík ist ein Abenteuer, da Ende März häufig dicke Wolken an den schroff abfallenden Bergen hängen bleiben oder Schneestürme wüten. Die Berge rahmen Ísafjörður ein und gewähren Schutz, können den Anflug auf die Minimetropole aber auch zu einer Grenzerfahrung machen.

Manchmal geht wegen der schlechten Sichtverhältnisse erst gar kein Flieger, manchmal kreisen die kleinen Maschinen zwanzig Minuten über dem Fjord, in der Hoffnung, dass sich die dichte Nebelwand kurz lichtet, um dann kamikazemäßig auf dem Rollfeld zwischen den steilen Berghängen und dem Meer zu landen.

Mit dem Auto ist es nicht unbedingt einfacher, nach Ísafjörður zu gelangen. Selbst Jeeps mit Winterreifen schlittern bei Schneetreiben über die schmalen Landstraßen, die in den Berg gehauen wurden. Du kannst nur froh sein, wenn ein erfahrener Isländer hinterm Steuer sitzt, der in diesem Moment besonnen gegenlenkt.

Da es in der Festival-Stadt mit seinen knapp 4000 Einwohnern lediglich ein Hotel und wenige Gästehäuser gibt, übernachten die meisten Besucher bei Freunden oder Verwandten auf der Wohnzimmercouch; einige fahren nachts sogar noch einen Fjord weiter, um im zwanzig Kilometer entfernten Nachbarort zu schlafen. Als Mugison einmal Probleme hatte, für alle Gäste

Hütte im winterlichen Ísafjörður

eine Unterkunft zu finden, rief er kurzerhand die Polizei an: Sie ließen die Besucher dann in den Gefängniszellen übernachten.

Þetta reddast – das wird schon irgendwie klappen, lautet das Lebensmotto der Isländer. Nach dem Finanzcrash im Oktober 2008 war es kurze Zeit verpönt, das zu sagen, doch bei vielen ist diese Haltung tief in ihren Seelen verankert. Manche sagen es heute zwar mit ironischem Unterton, doch es klappt noch immer: Da jeder jemanden kennt, der helfen kann, und die Inselbewohner es sowieso gewohnt sind, sich spontan auf neue Herausforderungen einzustellen, gibt es für alles eine Lösung. Und wenn es eine Zelle als Nachtquartier ist.
Auf die Idee für das Festival kam Mugison, der eigentlich Örn Elías Guðmundsson heißt, 2003 in Großbritannien. Sein Vater begleitete den international bekannten Elektropop-Musiker damals auf ein Festival im Londoner Institute of Contemporary

Arts. An jenem brütend heißen Sommertag war der Event perfekt organisiert, es gab einen genauen Ablaufplan für die Künstler, den Soundcheck hatten sie schon vor Stunden gemacht, nun hieß es wieder warten.

Vater und Sohn tranken ein Bier.

Und warteten. Tranken noch ein Bier.

Irgendwann war Mugison an der Reihe, spielte ein paar Songs und hatte dann nach einem langen Tag des Herumsitzens frei. Die beiden Isländer feierten ein bisschen weiter, an jenem Sommertag in London. Je betrunkener sie wurden, umso verrückter wurden die Ideen: Wie könnte ein Festival aussehen, das das absolute Gegenteil von diesem Gig wäre? Sie stellten sich vor, wie Arbeiter aus einer Kleinstadt die Hauptattraktion wären und die bekanntesten Musiker Islands die Supporting-Acts. Am nächsten Morgen begeisterte sie der Gedanke immer noch, also riefen sie ein paar Leute an, und Ragnar Kjartansson, ein befreundeter Musiker und Künstler, mobilisierte in kurzer Zeit einige Bands. Die Regeln waren einfach: Das Festival findet über Ostern in Ísafjörður statt, zu einer Zeit, in der es dort ziemlich kalt und ungemütlich ist. Jeder ist ein Headliner, es gibt keine Gagen und keine Soundchecks. Jede Band darf genau zwanzig Minuten spielen.

Fehlte nur noch die Halle. Wie bei so vielem begann man auch hier erst ein paar Tage vor Konzertbeginn langsam darüber nachzudenken. Ein reines Open-Air-Event wollten sie selbst ihren hartgesottenen Landsleuten nicht antun, fürs Equipment wäre das ohnehin ungünstig gewesen. Schließlich kommt der Schnee hier – genau wie der Nieselregen – durch den sich ständig drehenden Wind aus allen Richtungen.

Ein paar Telefonate später fanden die Organisatoren die Fabrikhalle einer Firma, die gerade dichtgemacht hatte. »Klar könnt ihr die Halle nutzen, sie steht aber noch voller Kram«, sagte der

Firmenchef. Mugison und Mugipapa, wie sein Vater genannt wird, trommelten eine Truppe von freiwilligen Helfern zusammen. Praktischerweise hatte kurz vorher ein Freund erzählt, dass er einen Gabelstapler besitze, für den Fall, dass sie mal etwas räumen müssten. Innerhalb von drei Tagen war die riesige Halle leer.

Und so konnte Ostern 2004 das ungewöhnliche Festival starten, das bis heute nach dem gleichen Muster abläuft und immer größer wird: 5000 Besucher kamen zur siebten Veranstaltung. Aus der lustigen kleinen Kreatur könnte leicht ein ernsthaftes, großes Geschäft werden, doch die »Organisatoren« des »Aldrei fór ég suður«, dessen Motto einem alten Song des isländischen Popstars Bubbi Morthens entlehnt ist, wollen das nicht. Sie lieben das Chaotische und Improvisierte – das Festival soll ja das Gegenteil von den üblichen sein.

Und so wird auch weiterhin kein Eintritt verlangt, außerdem darf jeder sein eigenes Bier mitbringen, das hier meist noch aus Dosen getrunken wird. Das kann man allerdings auch an Verkaufsstände erstehen, ebenso wie Cola, Fischsuppe und Fischbrei, die Preise sind so moderat, dass damit kaum Gewinne erzielt werden. »Die einzige wirklich strenge Regel, die wir bei diesem Festival haben, ist, dass jeder so viel Spaß wie möglich haben soll«, sagt Mugison. Er trägt einen selbst gestrickten Pulli und eine dicke Mütze aus Schafswolle, so lassen sich die eisigen Temperaturen vor der Fabrikhalle am Rande der Stadt leicht ertragen.

Die riesigen Rolltore sind weit geöffnet, sodass die Kälte und der Schnee auch schön in die Konzerthalle wehen können. Für die einheimischen Besucher kein Problem: Schließlich tragen die meisten ihre wärmenden Islandpullis.

An welchem Tag und zu welcher Uhrzeit die angekündigten Bands spielen, erfährt man erst vor Ort – das Line-up wird wie alles andere recht spontan entschieden – weil es zum Prinzip gehört und weil auch am ersten Festivaltag noch nicht klar ist, welche Bands es überhaupt in die Westfjorde schaffen. 2010 konnte von vier Maschinen nur die erste fliegen, das heißt einige Musiker blieben in Reykjavík stecken. Das Publikum lässt sich einfach überraschen. Mugison selbst haben viele allerdings verpasst, denn obwohl er einer der berühmtesten Acts an diesem Wochenende war, trat er schon am ersten Abend ganz früh auf.

Sein Vater hingegen, der Hafenmeister von Ísafjörður ist und nur hobbymäßig zur Gitarre greift, spielte mit seiner Band Yxna am Samstag als einer der Letzten. Dazwischen sah das Publikum unter anderem, wie sich Bóas, der Sänger der Rockband Reykjavík!, die Seele aus dem Leib brüllte, wippte zu den Beats der gefeierten jungen Countrysängerin Lay Low und freute sich auf die lokale Band Skúli hinn mennski, deren Name »Skúli, der Mensch« bedeutet. Die Unterscheidung war nötig, da es in der Kleinstadt über viele Jahre neben dem Troubadour Skúli einen gleichnamigen, allseits bekannten Hund gab, der durch die Straßen Ísafjörðurs streunte.

Beim ersten Festival musste Mugison noch Bands anrufen, inzwischen hat er die Qual der Wahl. Über 200 Gruppen melden sich freiwillig, um bei diesem Happening dabei sein zu können, doch nur knapp fünfzig können mitmachen. Das Aldrei-Festival ist wie ein großes Familienfest: Großeltern gehen mit ihren Enkeln hin, Seemänner hören zum ersten Mal Technobeats, und Teenies treffen sich zum gemeinsamen Feiern.

Isländer tanzen ausgiebig, ob da nun ergraute Rocker auf der Bühne stehen oder die Band mit dem Nummer-eins-Album. Nur bei Hardcore-Metalbands zieht es doch einige vor die Halle, wo der Frost den Boden in eine spiegelglatte Eisfläche verwandelt hat. Obwohl es draußen zehn Grad unter null sind, stehen viele stundenlang in der Kälte, plaudern und trinken. Kinder tollen im Freien und bauen Schneemänner, die Großeltern gratulieren ihrem Nachwuchs zum gelungenen Auftritt. Zwischendurch werfen sie einen Blick auf das handgeschriebene Konzertprogramm, das auf einer großen Tafel steht, die an Dixie-Klos gelehnt wurde. Sind die Musiker gerade nicht auf der Bühne, mischen sie sich unters Volk. Der Backstage-Bereich ist so gut wie leer und offen, jeder kann durch. Und es gibt natürlich keine Security.

Kreativ sein, damit man nicht vor Langeweile stirbt

»Vielleicht kann es so ein Festival nur hier geben«, sagt Helgi Björnsson, von seinen Fans auch Holy B. genannt, weil sein Vorname »der Heilige« bedeutet. Der Schauspieler und ehemalige Rockstar kommt ursprünglich aus den Westfjorden und trat Ostern als Überraschungsgast beim Festival auf. Das Publikum tobte und jubelte. Seine Landsleute seien gut darin, Events zu schaffen, sagt der 52-Jährige. »Wir müssen tatkräftig und erfinderisch sein, sonst würden wir in den langen Wintern vor Langeweile sterben.«

Kunst wird in Island auf keinen hohen Sockel gestellt, sie passiert beiläufig und ist überall: in der Scheune eines abgelegenen Hofs im Norden des Landes ebenso wie in der Hauptstadt Reykjavík oder in einer leerstehenden Fischfabrik. Man kauft sich ein altes Haus, renoviert es selbst und macht daraus eine Künstlerresidenz.

Dass er als Isländer ein bisschen anders ist, merkte Mugison unter anderem, als er auf einer Londoner Schule Musikproduktion studierte. Kurz vor ihrem Abschluss sollten die Studenten ihre Pläne für die Zukunft vorstellen. Die Franzosen, Engländer und

Deutschen hatten fast Zehnjahrespläne gemacht. Einer von ihnen, erinnert sich Mugison, wollte erst Teejunge, dann Runner, dann dritter Assistent und irgendwann Produzent werden. Der damals 26-Jährige schämte sich beinahe für seinen kurzen Vortrag: »Ich möchte ein Album machen, es auf meinem eigenen Label veröffentlichen und noch Zeit für die Familie haben.« Genau das tat er dann: Neun Jahre später hat Mugison bereits fünf Alben auf den Markt gebracht, ist verheiratet, Vater von zwei Söhnen und lebt mit seiner Familie in einem kleinen Ort bei Ísafjörður, zumindest wenn er nicht gerade tourt.

»Es kommt nicht darauf an, was du tun kannst, sondern was du tatsächlich machst«, hat ihm ein erfahrener Musiker mal gesagt, alles kann sich von heute auf morgen ändern, also nutze den Moment. Das lehrt sie die Natur und bringt viele Isländer dazu, sich mit einer nahezu kindlichen Naivität an kreative Unternehmungen zu wagen. Einige publizieren ihre Familiengeschichte, andere produzieren ein Album und bezahlen den Tontechniker damit, dass sie in seinem Studio einen neuen Fußboden verlegen; der Landarzt schreibt ein Drehbuch und verfilmt die Geschichte mit dem halben Dorf als Besetzung.

Probiere es einfach, es wäre dumm, es nicht zu tun!

Fast alle, seien es nun der alte Seemann, die Bäuerin oder der Wirtschaftsstudent, haben schon in mindestens einer Band gespielt, auf der Theaterbühne gestanden, Gedichte verfasst oder ein Buch veröffentlicht. So ist denn auch die Reaktion darauf, dass ich an einem Buch arbeite, in etwa so, als würde ich sagen, dass ich am Wochenende eine Wanderung mache. »Ah, du schreibst ein Buch? Okay.« Punkt.

In Deutschland ist das, wie jeder weiß, ein bisschen anders. Natürlich gibt es bei uns Tausende Kreative und noch mehr Hobby-Musiker und Dichter, aber wie viele von uns haben sich schon vorgenommen, ein kreatives Projekt anzugehen, und es dann doch wieder verworfen? Meine Großmutter zum Beispiel, geboren 1924, fand vor vielen Jahren den perfekten Titel für ihre Biografie: »Ohne Pille und Kondom, sieben Töchter und einen Sohn«. Geschrieben ist sie bis heute nicht.

Kreatives kann auch nebenbei passieren, ein kurzer Moment sein. Hlynur Hallsson etwa macht diese flüchtige Kunst, die manchmal gar nicht direkt als solche zu erkennen ist. Einmal steckte er in der Nähe seines Wohnortes Akureyri mitten auf ein großes Feld eine einzelne EU-Flagge. Kurz darauf war sie verschwunden. Der Künstler befestigte eine neue Flagge in der Erde, doch auch die war am nächsten Tag weg. Bald berichteten die Medien darüber, und Hlynur erzählte den Reportern, dass sie Teil eines Kunstprojektes seien, mit dem er die Frage stellen wolle, ob bald alles der EU gehöre. Schließlich sei eine Flagge ja auch ein Symbol für die Inbesitznahme von Ländern. Am Tag nach den Berichten stand eine der Fahnen wieder auf dem Feld, dazu ein Zettel mit der Entschuldigung des Diebes: Er hatte es irrtümlich für eine Pro-EU-Aktion gehalten und die Flagge deshalb demonstrativ entfernt. Auch kleine Aktionen oder Happenings wie diese bereichern den Alltag.

Und Ideen hat jeder von uns: Ist sie plötzlich da, eine neue Idee, dann sorgt sie für ein Kribbeln im Bauch, beinahe so, als wäre man frisch verliebt. Sie spinnt sich weiter durch die Gehirnwindungen, man lässt es laufen. Macht Notizen, Skizzen. Und dann … lässt man sich ablenken, kocht etwas, sieht fern, die Familie will Aufmerksamkeit oder noch viel schlimmer, diese fiesen, skeptischen Stimmen tanzen durch unseren Kopf und sagen: Kann ich das überhaupt? Das habe ich doch gar nicht gelernt. Was sagen meine Freunde und Nachbarn, wenn ich das mache? Und sollte ich vorher nicht wenigstens einen Kurs an der Volkshochschule belegen? Und schon läuft die Kreativitäts-Verhinderungs-Maschinerie. Dabei wissen wir doch schon von Joseph Beuys, dass jeder ein Künstler ist, wenn er denkt und handelt wie einer.

In Island ist jeder ein Künstler und jeder ein Star

Das haben die Isländer verinnerlicht, und in einer kleinen Gesellschaft wie ihrer ist es leicht, als Künstler berühmt zu werden. Die meisten oder zumindest ein naher Verwandter wurde schon mal im Fernsehen, Radio oder in der Zeitung interviewt. Eigentlich reicht es, einmal nackt über den Laugavegur zu gehen, um berühmt zu werden, soll Björk mal gesagt haben. Die Straße Laugavegur ist die Flaniermeile der Reykjavíker, quasi deren Hauptstraße – zumindest die mit den meisten Bars, Galerien und Designerläden.
Am Wochenende ist die schmale Einbahnstraße *die* Partymeile. Anfangs war ich noch ehrfürchtig und begeistert, wenn mir jemand als »einer der berühmtesten« Schauspieler, Architekten oder Künstler vorgestellt wurde. Irgendwann kennst du einhundert davon. Jeder ist »einer der«. Das vielleicht als Vorwarnung: Auch ich werde im Laufe des Buches diesen Terminus gelegentlich verwenden. Denn tatsächlich machen immer mehr Künstler ihren Weg und sind international erfolgreich.
Kannte man früher nur Björk und die Sugarcubes, schätzt man heute in der Kunstszene den dänisch-isländischen Ólafur Elíasson, in der Filmbranche die Arbeiten von Baltasar Kormákur und Dagur Kári, lehrt die Kinderserie ›LazyTown‹ die Kleinen weltweit spielerisch, nicht so faul zu sein und sich gesünder zu ernähren. Der Künstler Ragnar Kjartansson vertritt Island auf der Biennale in Venedig und wird dort zum gefeierten Star; die isländische Literatur von Nationaldichter Halldór Laxness, Krimi-Autor Arnaldur Indriðason und Popliterat Hallgrímur Helgason

genießen hohes Ansehen, viele Musikfans kennen Sigur Rós und die »My heart is beating like a jungle drum ... Rakatungtungrakatungonburu«-Sängerin Emilíana Torrini.

Wer auch immer Isländer einlädt, erwartet Spaß und eine gute Show! Diesen Ruf pflegen die Künstler gerne, und er lockt auch zahlreiche internationale Stars auf die Insel. Die spektakuläre Natur mit all ihren Gletschern, Geysiren und Vulkanen liefert für sie die perfekte Kulisse. James Bond machte schon eine Verfolgungsjagd über Eislandschaften, Christoph Schlingensief tobte sich genauso aus wie die New Yorker Künstlergruppe Invasionistas. Der Name ist Programm, also passten die Invasionistas perfekt zum »Sequences« – dem Real-Time Art Festival in Reykjavík. Das Basislager der internationalen Künstlergruppe war die Kling & Bang Gallerí, die damals noch direkt am Laugavegur lag. Dort, in ihrem kleinen, wellblechverkleideten Holzhaus, veranstalteten die Invasionistas eine Riesenshow – und sorgten kurz für einen Skandal, weil in einem ihrer Filme, in dem auch isländische Kinder mitspielten, erigierte Penisse zu sehen waren, die in großen Plastik-Kakerlaken steckten.
Auch die New Yorker Gruppe wollten ihre Filme in der Natur drehen. Die Galeristen rund um Sirra (die in Berlin gerne Happenings macht) und ihren Freund Erling Klingenberg halfen bereitwillig, fuhren mit den Gästen zur Springquelle, etwa eine Stunde von Reykjavík entfernt. Da standen sie nun am Rand des Geysirs Strokkur, der alle zehn Minuten explodiert, ganz nah am zwei Meter breiten Schlot, in dem das Wasser immer wieder zu blubbern und zu kreiseln anfängt, nach unten wegstrudelt und dann in die Luft schießt, zwanzig Meter hoch. Zigtausende Besucher kommen jedes Jahr, um sich das Spektakel anzusehen. An jenem Tag jedoch war es schon sehr spät und außer den Künstlern kaum jemand dort. Sie schauten sich das Schauspiel

eine Weile an, plötzlich griff einer der New Yorker in seine Tasche und warf ein Pulver ins Wasser. Es breitete sich sekundenschnell aus und verfärbte die Fontäne schmutzig-grün.
Sirra und Erling waren geschockt, konnten aber nichts mehr dagegen tun, da sind sie weggelaufen und in ihren Wagen gesprungen, der an der Straße parkte. »Viele Künstler hören davon, dass in Island alles möglich ist, und dann wollen sie das auch tun«, sagt Erling. Dieser Aktionismus am Geysir ging ihnen zu weit.
Im Allgemeinen sind Isländer allerdings stets gewillt, bei der Umsetzung von verrückten Ideen zu helfen. So bietet die Feuerwehr Unterstützung an, wenn für Performances ein großer Kran gebraucht wird. Familiäre Verbindungen sind dabei natürlich ganz praktisch, es geht aber vor allem um die allgemeine Akzeptanz und das Verständnis für Künstler.

Eine Bar wandert nach London aus

Ist eine Idee gut, hilft man gerne. So fanden die Künstler von Kling & Bang viele freiwillige Helfer, als sie für eine Londoner Kunstmesse ihre Lieblingsbar »Sirkus« wiederaufbauen wollten. Diese Bar war ein Mythos, *das* Symbol für die Partyfreude der Isländer. In dem knapp dreißig Quadratmeter kleinen Holzhaus legte Björk manchmal als DJ auf, tanzten die Leute auf den Tischen; hier traf sich die kreative Szene Islands.
Als die Bar Anfang 2008 schließen musste – Spekulanten wollten das mit Palmen bemalte Haus niederreißen lassen, um die begehrte Fläche im Zentrum Reykjavíks teuer verkaufen zu können –, baute Kling & Bang das zweite Zuhause der Künstler

Die ursprüngliche Bar Sirkus

über mehrere Wochen mit Dutzenden Helfern ab, um das Interieur anschließend auf der Kunstmesse »Frieze« akribisch zu rekonstruieren. Ausgerechnet kurz vor Beginn der Messe kam der Finanzcrash. Die Künstler hoben so viel Bargeld ab wie möglich, und reisten trotzdem nach London. Es war zugleich der vorläufige Abschied vom boomenden Reykjavík.

Für ein paar Tage jedoch erweckte die Galeristen-Gruppe ihre Lieblingsbar in den Kunsthallen noch mal zum Leben – natürlich mit vielen Happenings von Performance-Künstlern, isländischen Bands und viel Brennivín, dem gefürchteten heimischen Schnaps. Man feierte und tanzte ekstatisch. So wie Hallgrímur Helgason es in seinem Roman ›101 Reykjavík‹ beschreibt und Baltasar Kormákur es später verfilmte. Buch und Film machten das ausgelassene Nachtleben der Hauptstadt zum Mythos und lockten zahlreiche Touristen und Weltstars wie Quentin Tarantino, Harrison Ford und Kiefer Sutherland an. Hallgrímur ist leicht

zu erkennen, denn fast immer und überall trägt der Schriftsteller einen Hut, selbst beim Treffen im Café Kaffitár behält er ihn auf. Wenn er den Raum betritt, schauen ihn alle an, die Hälfte der Gäste kennt ihn persönlich, schließlich liegt das Café in seinem Revier: 101 Reykjavík, so benannt nach der Postleitzahl im Zentrum, in dem sich auch die Straße Laugavegur befindet. Das Kaffitár ist tagsüber ein beliebter Künstler-Treffpunkt, der Autor

Hallgrímur Helgason: Zehn Tipps, das Grübeln zu beenden und mit dem Ausleben der eigenen Kreativität zu beginnen

1. Wandere nach Island aus.
2. Gehe in eine Bar in Reykjavík.
3. Bestelle eine verrückte Idee: »Ég ætla að fá brjálaða hugmynd, takk.«
4. Gehe nach Haus und beginne, an dieser verrückten Idee zu arbeiten.
5. Arbeite weiter an der verrückten Idee, bis sie nicht mehr verrückt ist.
6. Besorge dir eine weitere verrückte Idee, die die erste, zunächst verrückte Idee übertrifft.
7. Arbeite an der neuen verrückten Idee, die die alte verrückte Idee toppt, bis du selbst ganz verrückt wirst.
8. Lass all das liegen und gehe in der verrückten Natur Islands zelten.
9. Komm zurück zu den Ideen, die nun beide total verrückt sind.
10. Veröffentliche, vermarkte oder stelle deine verrückten Ideen aus.

nickt freundlich und redet kurz mit dem einen oder anderen Schauspieler. Der 52-Jährige hat viele Talente: Schriftsteller, Maler, Fotograf, Comiczeichner, er war auch mal Kabarettist, und wer weiß, was er sich demnächst noch ausdenkt. Hallgrímur traut sich viel zu, wie die meisten seiner Landsleute. »Wir haben diesen törichten Mut«, sagt er und grinst. »Wir haben den Mut, uns auch mal lächerlich zu machen.« So wie sein Protagonist Hlynur aus ›101 Reykjavík‹, der spät aufsteht, viel trinkt und in Bars abhängt, unkontrollierte Erektionen hat und lange Zeit nichts geregelt bekommt. Mit viel Sprachwitz und Ironie porträtierte Hallgrímur in diesem Roman die feiersüchtigen jungen Erwachsenen seiner Heimatstadt.

Wie viele Isländer lebte auch Hallgrímur immer mal wieder für ein paar Monate oder Jahre im Ausland: Frankreich, Deutschland, Spanien, USA und Schweden, das Übliche. Als er in Paris war, fuhr er manchmal aufs Land zu all den alten Schlössern und den Weingütern, in eine Gegend also, die sich seit Jahrhunderten kaum verändert hat. Andere mögen das schön finden, ihn machte es depressiv, er fühlte die Bürde einer großen und alten Nation. In Island hingegen ist alles in Bewegung. Die Insel liegt genau zwischen zwei Kontinentalplatten, die jedes Jahr zwei Zentimeter auseinanderdriften, mal bricht die Erde auf, mal bilden sich neue Berge. Alles verändert sich ständig. Diese Beweglichkeit überträgt sich aufs Lebensgefühl: Es muss fließen, offen sein. Pläne findet der Popliterat eher anstrengend. Besonders schlimm seien die Schweden, die organisierten schon sechs Wochen im Voraus ein Abendessen und wollten genau wissen, ob du kommst und mit wem. »Das macht mich verrückt«, sagt er und sieht einen mit seinem durchdringenden Blick an. Natürlich wäre es im Rahmen der Finanzkrise besser gewesen, man hätte mehr geplant, Isländern fehle es aber an … er überlegt, sucht nach dem richtigen Wort. Auf Isländisch fällt es ihm nicht ein, dann sagt er irgendwann auf Deutsch: »Es fehlt uns an Ordnung.«

Genau das macht Schweden und Deutsche, die mit Isländern zu tun haben und es aus ihrer Heimat gewöhnt sind, dicke Terminkalender zu züchten, wiederum beizeiten nervös. Wann treffen wir uns denn nun? Ich habe nur Donnerstag in zwei Wochen Zeit, bist du dann da? Natürlich machen die freiheitsliebenden Inselbewohner im Geschäftsleben Termine, doch es fällt ihnen schwer, sich lange im Voraus festzulegen. Wer also in Island nicht verrückt werden will, schaltet einfach um und ruft die Person, die er oder sie treffen will, erst ein oder zwei Tage vorher an. Früher wissen die meisten Isländer ohnehin nicht, ob sie Zeit für ein Treffen haben.

Der Dichter Sjón gibt zu, dass seine Landsleute ein wenig verschroben sind. Fast 600 Jahre lang lag der Inselstaat unter dänischer Herrschaft unbeachtet vom Rest der Welt im fernen Atlantik. Es war fast so, als existiere er nicht. Mit der Unabhängigkeit im Jahr 1944 brach für die Isländer eine neue Zeitrechnung an: Innerhalb von sechzig Jahren holten sie auf, wofür Europa Jahrhunderte Zeit hatte. »Wir fühlten uns arm und begannen einfach dort, wo wir gerade waren. Für uns war alles neu«, sagt der 48-jährige Poet. »Wir haben mit unseren Isländersagas zwar ein großes kulturelles Erbe, sonst aber nur wenige Traditionen.« Sjón, der mit vollem Namen Sigurjón Birgir Sigurðsson heißt, schreibt Gedichte, Romane – wie zum Beispiel den ›Schattenfuchs‹, für den er 2005 mit dem Literaturpreis des Nordischen Rates ausgezeichnet wurde – und Songtexte für Björk. Die beiden kennen sich seit ihrer Jugend, manchmal trat er in den Achtzigern mit den Sugarcubes auf. Sjón stand der Sängerin auch bei, als der Regisseur Lars von Trier sie während der Pro-

Das Café Mokka – die Gäste sind so legendär wie die hausgemachten Waffeln

duktion von ›Dancer in the Dark‹ in den Wahnsinn getrieben haben soll – oder die beiden sich gegenseitig. Gemeinsam schrieben Sjón und Björk die Filmmusik.
Björks Texte sind für den Poeten wie Fabeln, manchmal erzählt sie ihm bei einem Glas Rotwein in der Küche eine Geschichte, und daraus entstehen dann Liedtexte. Im Song »Wanderlust« etwa geht es um die innere Unruhe, die wir alle in uns tragen. Dies passt gut zur isländischen Mentalität: Die Isländer wollen immer etwas Neues schaffen. »Alt sein« bedeutet, man hat sich

nicht weiterentwickelt, in diesem Punkt sind sie sehr amerikanisch. Die meisten Orte in Reykjavík verändern sich regelmäßig, Modeläden eröffnen, ziehen wieder und wieder um. Hotels entsorgen ihr klassisches Interieur und ersetzen es durch mattgraue Einrichtungen.

Das Café Mokka, ebenfalls in 101 Reykjavík, ist einer der wenigen Orte der Stadt, die sich seit der Eröffnung 1958 kaum verändert haben. Sjón und ich zählen an diesem Tag eindeutig zu den jüngsten Besuchern. Die kauzigen Herren gehören quasi zum Inventar, sind über die Jahrzehnte mit dem Café gealtert. Das Mokka hatte die erste Espressomaschine Islands, eine Geschichte, die jeder kennt und erzählt, sobald der Name des Cafés erwähnt wird.

Die Isländer erzählen gerne Geschichten, zitieren aus den alten Sagas, deren historische Manuskripte sie auch nach tausend Jahren noch lesen können, weil sich die Sprache seitdem kaum verändert hat. Sie ist vielleicht das Einzige in Island, das gleich geblieben ist und die Insel als Nation definiert hat – selbst während der Kolonialzeit –, und so wird bis heute jedes neue Wort ins Isländische übertragen. Das Fernsehen heißt »Sjónvarp«, wörtlich übersetzt Sichtwurf, und der Computer (»Tölva«) ist eine Zahlenseherin – die Anpassung geht sogar so weit, dass die isländische Dependance des Computerherstellers Apple den Namen »Epli« trägt. Die Sprache, sie ist ihr Juwel der Identität.

Manche sagen, dass die Isländer zwar prima Geschichten erzählen können, aber nicht so gut zuhören, und dass sie die Erzählungen gelegentlich so verändern, wie sie ihnen gerade passen, nach dem Motto: Lass die Wahrheit nie eine gute Geschichte ruinieren.

Hier ließe sich viel über die Ursachen der Finanzkrise spekulieren, doch das wird an anderer Stelle erörtert. Die Freude am geschriebenen Wort machte die Isländer – gemessen an der

Einwohnerzahl – zum Land mit den meisten Literaturnobelpreisträgern. Sie haben einen: Halldór Laxness.
Die Isländer verfassen gerne und viel. Sjón veröffentlichte seinen ersten Gedichtband ›Sýnir: yrkingar‹, als er gerade mal 15 Jahre alt war; das Geld für die Druckkosten verdiente er sich im Sommer durch Ferienjobs. Die stolze Auflage: 150 Exemplare. Er verkaufte sie an Freunde und die Familie, bot sie im Bus oder auf der Straße an. Heute ist sein Erstlingswerk eine Menge wert. Zum dreißigjährigen Jubiläum als publizierender Dichter veröffentlichte er einen 400 Seiten starken Jubiläumsband. Das Buch kostet umgerechnet elf Euro.
Sjón wollte es so günstig wie möglich herausbringen, damit es sich alle leisten können – besonders die jungen Leser möchte er so dazu ermutigen, sich mit Lyrik zu beschäftigen. Dass sie sehen: Das könnte ich ebenfalls machen!

Experimentierfreude als oberstes Gebot

Der Schriftsteller gibt Kurse für kreatives Schreiben und hat früher in vielen Performances mitgewirkt. Das größte Missverständnis sei immer, dass alle glauben, man müsse etwas erfinden. Als erste Übung könne man einfach seine Träume aufschreiben oder sonst wie darstellen, sagt er. Der Profi mag erfolgreicher und talentierter sein als viele seiner Landsleute, doch an der Entschlossenheit, ihre Kreativität auszuleben, mangelt es auch ihnen nicht. Kaum ein Isländer rechnet damit, wirklich von seiner Kunst leben zu können. Bei Produktionen mit einer Auflage von 300 Platten oder 500 Büchern steht die Leidenschaft im Vordergrund. Der Vorteil: Wer sich nach keinem Markt richten muss, ist experimentierfreudiger – nur so lässt sich zum Beispiel in der Musikbranche die breitgefächerte

Szene von Klassik bis hin zu Death-Metal erklären. Sjón findet es egal, ob das Ergebnis wirklich gut ist oder was die anderen davon halten, Hauptsache, es hat einem selbst Spaß gemacht. Das ist für den Familienvater bis heute sein größter Antrieb. Er weigert sich, seine Lyrik und Belletristik als Job zu sehen, und scheut sich nicht davor, neue Dinge auszuprobieren, die sein Publikum oft genug überfordern. So schrieb der preisgekrönte Autor das Drehbuch für Islands ersten Horrorsplatterfilm ›Reykjavík: Whale Watching Massacre‹, der Ende 2009 in die Kinos kam und in dem Helgi Björnsson (Holy B. aus den Westfjorden) einen Seemann spielte, der mit riesigen Harpunen Touristen abschlachtet. Der Film ist eine Persiflage auf das Genre, doch viele der Zuschauer dachten, es sei ein ernstgemeinter Horrorfilm, was Sjón wiederum absurd findet. Ebenso wie die Tatsache, dass an einem Pier des Reykjavíker Hafens das Walegukken angeboten wird und genau gegenüber die Walfangboote liegen. »Wir Isländer wollen eben alles zur gleichen Zeit.«
Der Autor stellt die Isländer in seinem Film als brutale, blutrünstige Jäger vor und macht sich gleichzeitig über die Touristen lustig, die in Island nach Björk und Walen Ausschau halten. Der Film ist für unsere Maßstäbe unterhaltsam, die isländischen Kritiker fanden das allerdings gar nicht und nominierten ihn als einen der schlechtesten Filme aller Zeiten. Sjón freut sich sogar ein bisschen darüber: »Endlich bin ich wieder frei.« Zu sehr sei er gelobt worden für seine Arbeiten, sagt der ehemalige Punk. Immerhin wurde er überhaupt kritisiert, denn eine lange Tradition schonungsloser Kritiken gibt es in Island nicht. Häufig wird über die Ausstellung eines Laien in gleichem Umfang berichtet wie über die Arbeiten eines professionellen Künstlers. Selbst wenn ein Film mies ist, bekommt er in der Bewertung noch drei von fünf Sternen. (In einer kleinen Gesellschaft sind eben auch die Redakteure mit den Musikern, Künstlern oder Schauspie-

lern befreundet beziehungsweise verwandt.) Schreibt ein Kritiker, dass ein neues Album Mist ist, kann es durchaus passieren, dass er am nächsten Abend in der Bar von einem der Bandmitglieder angepöbelt wird.

Es gibt Kritiker, die daraufhin ihre Arbeit an den Nagel gehängt haben – Björks Sohn Sindri Eldon zum Beispiel, der für das englischsprachige Stadtmagazin ›The Reykjavík Grapevine‹ Reviews verfasste und selbst in einer Band spielt. Einem Theaterkritiker, der immer mal wieder negative Berichte über Produktionen eines Hauses schrieb, wurde vom Theaterchef sogar zeitweise Hausverbot erteilt. Dies musste er jedoch schnell wieder aufheben, weil sich die Öffentlichkeit dann wiederum darüber aufregte. Natürlich war das Hin und Her eine perfekte Meldung für Zeitungen und Fernsehmagazine, die ja täglich gefüllt werden müssen. In Island ist scheinbar alles eine Nachricht wert, und sei es auch noch so banal. Nach einigen Monaten auf der Insel kennen selbst Ausländer die Hälfte der Vorgestellten entweder persönlich oder sind ihnen zumindest schon über den Weg gelaufen.

Sogar über Ausstellungen im hohen Norden des Landes wird berichtet. Jóna Hlíf und Huginn ließen sich eines Sommers vom Namen einer Galerie in Akureyri inspirieren: Sie heißt DaLí, und natürlich dachten die beiden Künstler dabei an den spanischen Künstler mit seinem gezwirbelten Schnurrbart. Bei der Eröffnung hängten Jóna und Huginn Packungen mit Schnauzbärte zum Ankleben an die Wand: Es gab unter anderem die Varianten »Strong Man«, »Charlie Chaplin« und den »Chinese Man«. Jeder Besucher konnte sich einen auswählen und so selbst Teil einer Performance werden. Nach einer halben Stunde liefen fast alle, waren es nun Kinder, junge Männer oder ältere Frauen, mit angeklebten Bärten durch die Galerie und führten Fachgespräche zu Oberlippenbärten.

Ich wählte den »Strong Man«-Bart aus und beteiligte mich so gestärkt an der Unterhaltung. Damals war mein Isländisch noch rudimentär, außer einigen Begrüßungsfloskeln konnte ich nicht viel sagen, aber durch Zufall hatte ich einige Wochen vorher mit meinem Isländischlehrer über die Achtzigerjahre-Fernsehserie ›Magnum‹ gesprochen. Beim Unterricht übersetzen wir manchmal Dinge, die mir in den Sinn kommen.
Dazu gehörte auch dieser Satz über den Ferrari fahrenden Hauptdarsteller: »Tom Selleck er eini maðurinn í heimi sem lítur vel út með yfirvaraskegg.« Dies bedeutet: »Tom Selleck ist der

einzige Mann auf der Welt, der mit Schnauzer gut aussieht.« Ein Satz, der, wie ich finde, wahr ist und meist mit wohlwollendem Nicken bestätigt wird. In gewisser Weise ist der Spruch zu meiner persönlichen Mini-Performance geworden, denn wann immer ich aufgefordert werde, meine Isländischkenntnisse zu beweisen, sage ich diesen Satz.

Die Galeriebesucher in Akureyri liefen an jenem Tag auch später noch mit ihren Schnauzbärten durch die Innenstadt der »Metropole des Nordens«, die rund 18 000 Einwohner hat. Es erinnerte mich ein bisschen an Karneval – und wer wie ich als Rheinländerin mit dieser Kultur aufgewachsen ist, scheut sich ohnehin nicht vor Verkleidungen. Und das ist schon mal eine gute Voraussetzung, wenn man sich mit der isländischen Lebensart und der Performance-Kunst vertraut machen will.

Ein Kostüm ist ja ebenso wie eine Uniform ein Schutz, man wird zu einer anderen Person: Dieser Methode bedient sich auch Björk, die einst bei den Oscar-Verleihungen stolz mit ihrem Schwanenkostüm über den roten Teppich stolzierte und so für Furore sorgte. Die Sängerin erfindet sich regelmäßig neu – musikalisch und optisch. Für ihr Album ›Volta‹ suchte sie abermals nach einem neuen Charakter: Es sollte eine »elektro neon isländisch heimische fröhliche Kraft der Natur« sein, und das Outfit dafür fand sie bei der Icelandic Love Corporation (ILC).

Die drei Künstlerinnen Eirún, Jóní und Sigrún sind berühmt für ihre fantasievollen und verspielten Kostüme und Performances. Anders als bei vielen isländischen Künstlern sind ihre Auftritte genau durchchoreografiert, wenngleich sie trotzdem das Element des Spontanen beinhalten – wie bei jedem Happening. Für ihre Shows kreieren die Künstlerinnen stets aufwändige Outfits, mit denen sie sich in andere Fabelwesen verwandeln.

Die Schnauzerperformance in Akureyri, rechts Huginn

Oben: die drei Künstlerinnen der Icelandic Love Corporation – Eirún, Jóní und Sigrún. Unten: Björk im Voodoo-Outfit der ILC

Eine neonfarbene Voodoo-Maske regte Björk dazu an, mit der ILC zusammenzuarbeiten. Noch während sie an ›Volta‹ bastelte, strickten die drei Frauen den langen Winter über für den Popstar irrwitzig bunte wollene Ganzkörperkostüme, eines davon trug Björk später auf dem Cover des neuen Albums, andere wurden auch in Magazinen abgebildet. Manche ihrer Strickarbeiten stehen noch heute im Studio der ILC, das sich in der Nähe des Reykjavíker Hafens in einem alten Industriegebäude befindet.
Wie kommen die Frauen eigentlich auf ihre Ideen? Meist albern sie ein wenig herum, sagen sie, dann schreiben sie Stichpunkte in ein Notizbuch und vergessen sie, einige Inspirationen kommen immer wieder auf und werden dann Jahre später endlich genutzt. »Das Wichtigste ist, dass man offen ist – auch für die Möglichkeit, dass eine Idee eventuell doch nichts wird.« Dann komme eh bald wieder eine andere Inspiration. So erfanden sie für eine Ausstellung, bei der sie viel mit Nylon arbeiteten, die Teesocke. Wie der Name schon erahnen lässt, ist es eine mit Tee gefüllte Socke aus Nylon, die man als Teebeutel benutzen kann. Anschließend werden die Socken gewaschen und getragen. Die Auflage: fünfzig Exemplare.
So einfach kann es sein. Mit Leichtigkeit performen die drei Künstlerinnen auch im öffentlichen Raum – in einer Bar, in einem Leuchtturm oder in der einsamen Natur Islands. Regelmäßig auch auf internationalen Kunstmessen wie der Frieze Art Fair oder in Museen wie dem Hamburger Bahnhof in Berlin. Jóní unterrichtet sogar Kinder in der Kunst der Performance.
Kunst kann überall passieren und jegliche Form annehmen. Als im April 2010 der große Untersuchungsbericht veröffentlicht wurde, in dem nach anderthalb Jahren Recherche eine unabhängige Kommission im Auftrag des Parlaments die Ursachen und Schuldigen für den Beinahe-Kollaps des Bankensystems

aufzeigte, veranstaltete das Stadttheater Borgarleikhúsið eine Marathon/Dauer-Lesung: 45 Schauspieler lasen im Wechsel den gesamten Bericht vor. 2378 Seiten. Wie es sich für ein Volk mit einer langen Tradition von Nationaldichtern gehört, war der Report sehr spannend geschrieben, fast wie ein Krimi. Und so kamen viele Zuschauer ins Theater, um sich die Lesung anzuhören, sie wurde zusätzlich live im Internet übertragen – sechs Tage lang, 24 Stunden am Stück; das Material wurde genutzt, um später ein Hörbuch daraus zu machen.

Eine Vorliebe für Marathon-Performances hat auch Ragnar Kjartansson, der seinerzeit mit Mugison in Ísafjörður das erste Aldrei-Musikfestival auf die Beine stellte und 2009 auf der Biennale in Venedig Island vertrat. Sechs Monate lang malte er denselben Mann: sechs Tage in der Woche, insgesamt 153 Bilder. Das Model – sein Kumpel Palli – fiel nur einen Tag wegen Krankheit aus, da skizzierte er dann halt einfach ein leeres Sofa. Ein bisschen verrückt sei er dabei schon geworden, gibt der 35-Jährige zu. Aber er wollte bei diesem Projekt mal nicht in eine fremde Rolle schlüpfen, sondern wirklich er selbst sein. Normalerweise spielt er eine Figur, häufig arbeitet er mit dem Element der Wiederholung: Ein Moment wird so, wie er es nennt, zu einer Art Skulptur, zu etwas Monumentalem.
In seiner heimeligen Dachgeschosswohnung in der Straße Laugavegur, hängt kein einziges Gemälde aus Venedig. Stattdessen kleben an einem Dachbalken geflochtene Haarschnecken, die eine befreundete Künstlerin gemacht hat, außerdem kleine Erinnerungen an frühere Projekte. Und mittendrin steht ein Mikrofon. Er und seine Frau Ásdís Sif Gunnarsdóttir, die ebenfalls

Performance-Künstlerin ist, können also jederzeit Freunde zu einer Soirée einladen. Was sie gelegentlich auch tun.
Manchmal übertragen sie diese Abende auch auf die großen Bühnen in Reykjavík oder im Ausland. Wenn sie für ihre Happenings noch Akteure brauchen, findet sich schnell jemand: »Das Praktische ist, dass in unserer kleinen Künstlerclique jeder jedem einen Gefallen schuldet«, sagt Ásdís und vergleicht es scherzhaft mit der Mafia. »Man kann eigentlich nicht Nein sagen.« Wenn Freunde und Künstler zuletzt mal wieder in einer ihrer Performances mitspielten, die man über Skype betrachten kann, steht die 35-Jährige kurz darauf als Schauspielerin bei einem Theaterstück auf der Bühne.
Sicherlich arbeiten die meisten Künstler nicht nur nach dem Prinzip der Tauschwirtschaft. Stipendien ermöglichen den Profis ihr Auskommen, viele haben noch Zweit- oder Drittjobs, um über die Runden zu kommen. Sie kuratieren Ausstellungen an-

derer Künstler, unterrichten an der Kunsthochschule oder arbeiten als Producer beim Fernsehen. Und obwohl das schon alles kreativ genug ist, nutzen Künstlerpaare wie Ásdís und Ragnar selbst ihre Freizeit für kulturelle Events – so schätzen sie auch das »Aldrei fór ég suður«-Festival. Ragnar trat dort natürlich ebenfalls schon mit seiner Band Trabant auf, und seine Frau veranstaltete im Schwimmbecken des Dorfbades eine Performance. Denn jedes Jahr findet nach den zwei Festivaltagen eine Art Aftershow-Tag für die Musiker statt. Auch am Ostersonntag 2010 fing die Nachfeier wieder im Schwimmbad an. Im kleinen Hallenbad von Þingeyri, einem Ort vierzig Minuten von Ísafjörður entfernt, trafen sich die Aldrei-Künstler zu einem privaten Fest, um nach diesem aufregenden Wochenende gemeinsam zu relaxen. Mugison beschallt das Bad mit lauten Beats aus seiner Höllenmaschine, einer Art Keyboard, die Künstler performen dazu im Wasser: Sie recken und strecken sich, springen aus dem Pool nach draußen in den Schnee, wälzen sich darin und hüpfen zurück ins Schwimmbecken.

Abends feiern rund hundert Leute an einer großen Tafel weiter, es sieht ein bisschen aus wie bei einer Karnevalssitzung. Auf der Bühne steht noch die Krippe von der Weihnachtsaufführung, der Musiker Davíð Þór Jónsson, der zuvor schon das spontane Wasser-Happening choreografierte, stellt sich auf die Bühne und liest im Nikolauskostüm und mit Schwert bewaffnet aus der Bibel vor. Das Outfit und die Lektüre hatte er kurz zuvor auf dem Podium entdeckt. Die Künstler in den Reihen bejubeln ihn. Am Ende hat Davíð noch eine Botschaft an alle Vegetarier: »Esst nichts, was Tiere essen.«

Sobald die Meute sich mit deftigen Speisen, viel Fleisch und Dosenbier gestärkt hat, geht es auf die Bühne: Der Drummer der einen Band performt zusammen mit dem Sänger der anderen, manche stürzen sich auf Instrumente, die sie nicht beherrschen. Freunde der Musiker kreischen schief ins Mikrofon. Irgendwann knubbelt es sich nur noch auf der Bühne – und Mugipapa singt »One Moment in Time«. Die Isländer, sie nutzen jeden Moment. Und zwar immer hundertprozentig.

Wie mache ich eine Performance?

- Es ist wichtig anzufangen. Warte nicht auf die perfekte Idee, leg einfach los.
- Nutze die Gedanken, die dir in den Sinn kommen.
- Jede Idee klingt verrückt und albern, bevor du sie umgesetzt hast.
- Wenn du Angst davor hast, dass deine Texte peinlich sein könnten, bau wie Sigur Rós in deinen Song Texte in einer erfundenen Sprache ein. Ihre heißt »vonlenska« – also »Hoffnungsländisch«. Und deine?
- Alles kann eine Performance sein: selbst ein angeklebter Schnauzbart oder eine Flagge im Feld.
- Such dir ein Publikum: Geh auf die Straße oder lade Freunde zu einer Soirée ein (wenn man etwas ankündigt, hat man auch den Druck, es wirklich umzusetzen).
- Mach eine Performance mit Freunden zusammen, das fällt leichter.
- Wenn dir gerade nichts einfällt, stelle deine Träume dar.

Du musst dich nicht verkleiden, immer hilfreich sind aber eine Videokamera, kleine Raketen, Tücher zum Zerschneiden, alte Kleidungsstücke und Musik.

2 Familie

Lieber 2,15 Kinder von zwei Partnern als 1,37 Kinder von einem.

Woher kommst du? Zu wem gehörst du? Diese Fragen kommen schnell auf, wenn Isländer sich treffen. Meist dauert es nur wenige Minuten, bis sie gemeinsame Bekannte oder direkte Verwandte ausmachen. Die Familienbande spiegeln sich auch in der Namensgebung wider. Isländer haben keine Nachnamen in unserem Sinne, sie werden nach dem Vornamen des Vaters oder der Mutter benannt. Hallgrímur Helgason zum Beispiel ist der Sohn (»son«) von Helgi, und Musikerin Björk Guðmundsdóttir die Tochter (»dóttir«) von Guðmundur. Auch wer heiratet, behält stets seinen Namen.

Vigdís Finnbogadóttir, die ehemalige Präsidentin, kann ihren Stammbaum sogar bis zur Besiedlung zurückverfolgen. 34 Generationen. Es interessiert die Isländer genau wo sie herkommen und mit wem sie verbunden sind. Die engsten Verwandten kennen sich natürlich, doch es passiert immer wieder, dass langjährige Freunde plötzlich feststellen, dass es direkte Verbindungen zwischen ihnen gibt: zum Beispiel dass die Großmutter des einen und die Urgroßmutter des anderen Schwestern waren. Im ›Íslendingabók‹, dem ›Buch der Isländer‹, steht alles drin – dazu gehört auch eine Website, bei der man die Namen von zwei Personen eingibt und dann mit einem Klick den Verwandtschaftsgrad erfährt. Eine Information, die besonders frisch verliebten Pärchen wichtig ist.

Im Allgemeinen sind die Isländer aber nicht so blutsverwandt, dass es genetisch gefährlich wäre, schließlich kamen über die Jahrhunderte viele Reisende auf die Insel am Rande des nördlichen Polarkreises, unter anderem Inuit aus Grönland, Dänen, Franzosen, Basken, Iren, Engländer, Deutsche und Amerikaner. Einige jagten Wale, andere kamen als Handelsleute, Piraten, Abenteurer oder wie die Dänen als Kolonialisten, und manche verliebten sich bei ihren Touren in die Töchter der Fischer und Bauern. Die ersten Dauersiedler waren im Jahre 874 Norweger, die vor der Unterdrückung des Königs flüchteten und auf dem Weg nach Island, der »Eisinsel«, in Irland und auf einigen anderen Inseln Halt machten, um sich ein paar Sklaven, vor allem irische Frauen, zu schnappen. Manche scherzen deshalb, die ersten Isländer seien räuberische Steuerflüchtige gewesen.
Glaubt man den alten Saga-Geschichten, die von der Landnahme der Norweger und Kelten berichten, so sollen sie stur, stolz und eigen gewesen sein – alles Attribute, die man auch den heutigen Nachfahren immer wieder nachsagt. Die Isländersagas wurden im 13. und 14. Jahrhundert aufgeschrieben. Es sind nicht nur gewaltige Wikinger-Geschichten, sondern auch Familiendramen. Der eine muss den Mord eines Bruders rächen, der andere die Ehre seiner Frau retten. In der Njáls-Saga zum Beispiel, die im Süden Islands spielt und als berühmteste Saga gilt, geht es um die Freundschaft zwischen Gunnar und Njáll, aber auch um deren verfeindete Frauen. Der grund- und endlose Sippenstreit endet in einem großen Brand.

Die Insel Bielefeld

Dramatisch, existenziell und abenteuerlich, wie die Landschaften bis heute sind, war seit jeher auch das Leben auf dieser In-

sel. Das prägte die Identität ihrer Bewohner. Wie fühlt sich Identität an, wenn ein ganzes Volk aus gerade mal einer Drittel Million Menschen besteht? Man muss sich das in etwa so vorstellen, als wäre Bielefeld eine einsame Insel im weiten Atlantik. Ungefähr so viele Bewohner hat ganz Island. Bielefeld wäre also eine Nation mit eigener Sprache, die sonst fast niemand auf der Welt versteht. Natürlich verreisen die Isländer häufig, bleiben zuweilen einige Jahre, vielleicht sogar Jahrzehnte im Ausland, doch die meisten kehren irgendwann zurück.
Sie besiedeln eine Fläche so groß wie Bayern und Baden-Württemberg zusammen, doch da der Großteil der Menschen in und um Reykjavík wohnen, leben sie sehr nah beieinander. Alles andere ist dafür sehr weit weg: Schottland 800 Kilometer, Norwegen fast tausend und Berlin rund 2400 Kilometer. Die Isländer können nicht mal eben mit dem Auto ins Nachbarland fah-

ren. Freilich gibt es viele internationale Flugverbindungen, doch eine Insellage isoliert immer – und verbindet die Bewohner stärker miteinander.

Selbst in 101 Reykjavík, dem zentralen Viertel der Hauptstadt, ist die Vernetzung der Gesellschaft groß. Die 68-jährige Borghildur Óskarsdóttir und ihr Mann Vilhjálmur Hjálmarsson leben in einem dieser typischen alten Holzhäuser, die der Innenstadt ihren Charme und das dörfliche Flair geben. In ihrer Straße Laufásvegur stellen die Anwohner bei schönem Wetter Korbstühle vor die Tür, die Fahrräder werden unabgeschlossen ins offene Glashaus gestellt, und die Bettwäsche flattert draußen im Wind.

Im Herbstwind
wehen die schneeweißen Laken
meiner Nachbarin
wie unbeschriebene Blätter
bitten mich um neue Gedichte

»Nachmittag im September«

Mit diesen Zeilen hat Vilborg Dagbjartsdóttir die wehenden Bitten erfüllt. Sie schrieb das Gedicht auf ein schlichtes weißes Blatt Papier und schenkte es ihrer Nachbarin Borghildur. Einige Monate später erschien es auch in einem Gedichtband, anlässlich Vilborgs 80. Geburtstag. Sie ist in Island eine bekannte Poetin.

Das Papier mit dem Originalgedicht hängt inzwischen eingerahmt neben jenem Fenster, das auf den mit Rosen bewachsenen Hinterhof zeigt, in dem Borghildur stets ihre Wäsche aufhängt und von dem aus sie das dunkelblaue Wohnhaus der

Kreative Nachbarschaft! Das blaue Haus von Dichterin Vilborg

Dichterin sehen kann. 2003 verstarb Vilborgs Mann, nun lebt einer ihrer Enkel bei ihr. Bei uns fände man das vielleicht ungewöhnlich, doch auf der Insel kommt es durchaus vor, dass 23-Jährige eine Wohnung im Haus der Großmutter haben oder junge Frauen mit ihren Partnern in der Einliegerwohnung der zukünftigen Schwiegereltern leben.

Seit fast 130 Jahren trotzt Borghildurs mit Wellblech verkleidetes Haus in Blassrosa jedem Wind und Wetter, auch wenn es bei Sturm in der Wohnung unter dem Dach gewaltig ächzt und krächzt. In den Achtzigern wuchsen dort ihre beiden Töchter auf, heute übernachten hier Familienangehörige und Freunde, wenn sie zu Besuch sind. Auch ich habe dort schon mehrmals einige Monate gelebt. Auf knapp 35 Quadratmetern gibt es ein kleines Bad, eine Küche mit Wohnzimmerbereich und zwei Schlafzimmer. Das zweistöckige Gebäude ist sehr gemütlich, aber hellhörig, die Decken sind niedrig, was durch die Dachschrägen noch verstärkt wird. Liegt man bei Regen in seinem weichen Bett, fühlt es sich an, als würden die Tropfen direkt auf den Kopf prasseln.

Borghildurs Holzhaus in der Straße Laufásvegur ist ein kleines Stück Island. Eine Insel auf der Insel – und ein Ort, an dem man die isländische Lebenskultur mit allen Sinnen erleben kann. Hören sie und ihr Mann morgens Radio, vibriert an dieser Stelle in der Etage darüber der Boden. Kochen sie abends, zieht der Duft von gegrilltem Lachs oder Lammsteaks herauf.

In isländischen Wohnungen lebt man ein bisschen das Leben der anderen mit, und trotzdem lässt jeder dem anderen Freiraum, keiner beschwert sich, wenn ein Dreijähriger stundenlang herumtollt, der Hund den Mond anbellt oder die pubertierenden Sprösslinge der Nachbarn nachts betrunken die Treppen

Borghildur in ihrem Gartenhaus

raufpoltern. So wie auch Borghildur kaum noch hochschreckt, wenn in der Wohnung über ihr die Sirenen losgehen, weil die Gäste aus Versehen durch den aufsteigenden Dampf von kochenden Nudeln den empfindlichen Rauchmelder auslösen. Die Lösung: beim Kochen immer alle Fenster und Türen öffnen. Seit fünfzig Jahren sind Borghildur und Vilhjálmur ein Paar, wie die meisten Isländer sind sie immer unterwegs; zur Ruhe werden sie wohl nie kommen. Beide arbeiten noch, Borghildur ist Künstlerin und ihr bald siebzigjähriger Mann Architekt. In der Freizeit gibt es ständig etwas zu tun, sei es im Garten und/oder im Sommerhaus, außerdem gehen die beiden einmal in der Woche zu einem Uni-Kurs über die Njáls-Saga, die in der Region ihres Sommerhauses spielt: Sie haben ein Theaterabo, Borghildur macht Yoga, Vilhjálmur geht Angeln und Golfen,

und dann kommen regelmäßig Freunde wie die Dichterin oder die Familie zu Besuch. Ihre beiden Töchter und die sechs Enkelkinder leben natürlich in der Nachbarschaft. So können Borghildur und Vilhjálmur stets kurzfristig einspringen, wenn einer der Enkel abends mal betreut oder bekocht werden muss.

In Reykjavík liegt vieles um die Ecke. Von ihrer Wohnung aus hören sie die balzenden Schwäne und schnatternden Enten am Tjörnin, einem großen Teich, der sich direkt neben dem Rathaus befindet und bei Kindern und Touristen beliebt ist. Das Parlament, der Laugavegur, der Amtssitz der Premierministerin – alles ist in zwei Minuten Fußweg erreichbar.

Da jeder, sogar die Premierministerin und der Präsident, mit Vornamen angesprochen wird, schafft das zusätzliche Nähe, es gibt weniger Hierarchien als in großen Staaten. Schon früher hielt sich ein Bauer für genauso viel wert wie der König. Da die Nachnamen im Prinzip keine Bedeutung haben, sind logischerweise auch die Telefonbücher nach Vornamen sortiert. Darin finden sich 382 Viljhálmurs und 100 Borghildurs. Ich kenne mittlerweile drei Villis, so der Kosename, zwei Borghildurs und so-

Reykjavík: oben der Tjörnin, rechts die Flaniermeile Laugavegur

gar vier Halldórs. Zum Glück haben viele von ihnen Zweitnamen oder sie sind durch ihren Job, die Partnerin oder den Wohnort leicht einzuordnen, sodass es im Gespräch nicht zu Missverständnissen kommt. Schließlich kennen die Isländer selbst ja auch etliche Halldórs und Villis.

Die Dopplungen kommen unter anderem daher, dass die Isländer ihren Kindern nicht einfach jeden Namen geben dürfen. Es gibt eine Kommission, die bestimmt, welche erlaubt sind. Das ging früher sogar so weit, dass Einwanderer ihren eigenen Namen ablegen mussten, wenn sie isländische Staatsbürger wer-

den wollten. Ein Vietnamese hieß dann vielleicht Jón Magnússon. Sosehr das Inselvolk auch auf die Wahrung seiner sprachlichen Eigenheiten achtet, irgendwann wurde der Namenraub dann doch als diskriminierend empfunden. Mittlerweile können Ausländer ihre Namen behalten und Isländer neue beantragen. Wichtig bei der Namensgebung (und das eigentliche Problem) ist, dass die Namen sich dem Deklinationssystem anpassen müssen, denn der Nachname wird aus dem Genitiv des Vornamens des entsprechenden Elternteils gebildet. Und Namen werden wie andere Nomen im Isländischen dekliniert. Mein Name Alva heißt dann zum Beispiel Ölvu.

Bis heute ist es üblich, dass die Namen in der eigenen Familie bleiben, oft werden die Kinder nach ihren Großeltern oder nahestehenden Verwandten benannt, auch drei Enkel von Borghildur und Villi tragen ihre Namen. Welch große Rolle die Familie in Island spielt, sieht man ebenfalls auf der Internetseite des Parlaments. So nennen die Abgeordneten in ihrem Lebenslauf ihre Eltern, Geschwister, Kinder, Ehepartner und Expartner mit vollem Namen und Geburtsdatum. So kennt wirklich jeder die familiären Wurzeln seiner Volksvertreter.

Starke Vernetzungen

Laut der »Six degrees of separation«-Theorie, die auch Kleine-Welt-Phänomen genannt wird, sind alle Menschen weltweit bis zum sechsten Grad miteinander bekannt. Es brauche also nur sechs Kontakte, um irgendwo auf der Welt einen gemeinsamen Bekannten zu finden. »Bei uns in Island sind es sicherlich nur ein bis zwei Grad«, sagt Andri Snær Magnason. Der 37-Jährige ist Schriftsteller, Filmemacher und Umweltaktivist und daher bestens vernetzt. Für ein aktuelles Filmprojekt interviewte er den

Dalai Lama, seine Mutter ist demnach nur ein Grad vom buddhistischen Mönch entfernt. Natürlich kennt Andri Snær auch den isländischen Präsidenten, und der hat wiederum schon Barack Obama getroffen. Den Schriftsteller trennt also ebenfalls nur ein Grad vom US-Präsidenten.

»Wir Isländer lernen schneller international bedeutende Menschen kennen, weil viele von uns mit dem Präsidenten oder mit einflussreichen Persönlichkeiten unserer Heimat bekannt sind«, sagt er und fügt mit einem verschmitzten Lächeln hinzu: »oder verwandt«. In seiner Familie gab es einige Schauspieler und viele Ärzte. Andri Snærs Großvater war Chefchirurg in New York und operierte Robert Oppenheimer, seine Großtante war vor über achtzig Jahren Babysitterin im Hause von J.R.R. Tolkien. Es war die Zeit, als dieser gerade an seinem Buch ›Der kleine Hobbit‹ arbeitete, dessen Fortsetzung der Klassiker ›Der Herr der Ringe‹ ist. Zum Einschlafen brachte die Großtante Tolkiens Sohn einen isländischen Kinderreim bei: »Í grænni lautu þar geymi ég hringinn sem mér var gefinn en hvar er hann nú?« Es geht darin um einen Ring, den jemand bekommen hat, diesen in grünen Wiesen aufhob, und der nun verschwunden ist. Zufall? Ach ja, Andri Snær ist somit nur einen Grad von Familie Tolkien entfernt.

Momentan dürfte der 37-Jährige wohl der berühmteste seiner Familie sein: Sein Buch ›Draumalandið‹, ›Das Traumland‹, wurde zu einer Art Volksbuch und bewegte die Nation. Der Autor beschreibt darin die Lage Islands im Jahre 2006, die Wirtschaft blühte noch, durch die Privatisierung im Energiesektor wurde die Produktion verdoppelt, ausländische Investoren kamen, ein riesiger Staudamm wurde gebaut. Doch Experten war klar, dass der Boom so nicht weitergehen würde und Island gerade dabei war, sich durch den Verkauf isländischer Energie an internationale Aluminiumkonzerne selbst Schaden zuzufügen und die heimische Natur zu zerstören. Andri Snærs Buch trägt den Untertitel »Selbsthilfebuch für eine verängstigte Nation«. Der Autor kritisiert immer wieder die enge Verbindung von Politikern und Unternehmern, er erzählt von Klüngelwirtschaft und Energiedeals, von denen die Bevölkerung erst in letzter Sekunde erfuhr. Das Buch und der drei Jahre später veröffentlichte Film rüttelten die Isländer auf und zeigten ihnen die negative Seite der engen Vernetzung einer kleinen Gesellschaft.

Die positiven Seiten liegen auch für Andri auf der Hand: die Verbundenheit der Familie. Seit über zwanzig Jahren ist er mit seiner Jugendliebe Magga zusammen, sie haben vier Kinder und leben in einem Reihenhaus in 104 Reykjavík. Magga hat weiterhin eine halbe Stelle als Krankenschwester, und manchmal ist sie auch als »Skript-Schwester« tätig, wie der Autor es

nennt, denn Magga sei die Erste, die seine Manuskripte liest und nicht selten gnadenlos auseinanderpflückt. Am Ende heilt sie die Wunden aber stets mit guten Anregungen. Als Schriftsteller hat er flexiblere Arbeitszeiten, ist jedoch auch oft unterwegs. Da es bei vier Kindern im Alter von drei bis 14 Jahren viel zu koordinieren gibt, nimmt er manchmal eine Tochter oder einen Sohn mit auf Termine.

Einmal fuhr er mit mir in eine Gegend außerhalb Reykjavíks und zeigte mir ein neues Projekt, sein ältester Sohn war mit dabei, hörte Musik. Auf dem Rückweg sagte Andri, er müsse noch schnell zwei Töchter bei seinen Eltern abholen. Kurz vorher kündigte er sich übers Handy an: »Papa, hast du deine Hose an? Ich hole die Mädels ab und komme mit einer Journalistin vorbei.« Man muss sich das in etwa so vorstellen, als hätte ich

Zwei Wahrzeichen Reykjavíks: links Sólfar (Sonnenfahrt), ein stilisiertes Wikingerschiff, oben die das Stadtbild überragende Hallgrímskirche

einen Interviewtermin mit Günther Jauch – denn ebenso berühmt wie der Showmaster in Deutschland ist der Schriftsteller in Island –, und Jauch fährt mit mir bei seinen Eltern vorbei.
Der Vater hatte eine Hose an, obwohl er es wohl liebt, in Shorts durchs Haus zu laufen, und begrüßte den Besuch freudestrahlend. Wie in Island üblich, zieht man beim Betreten eines Hauses seine Schuhe aus und bekommt Kaffee angeboten. Kurz darauf saßen wir in Socken auf Küchenstühlen und diskutierten über die aktuellen politischen Ereignisse. Berühmtheit wird hier nicht so ernst genommen, und für mich war es freilich sehr interessant, die Eltern des Interviewpartners kennenzulernen, ein paar Geschichten aus seiner Kindheit zu hören. Vielleicht hätte Andri Snær diesen Schlenker nicht gemacht, wenn wir uns nicht schon zuvor zwei Mal getroffen hätten, dennoch spiegelt es die Offenheit wider, mit der Familienmitglieder zum Alltag gehören. Und mit der auch Prominente ihre Haustüren öffnen.
Es gibt kaum eine Konferenz, Ausstellungseröffnung oder Feier, bei der nicht Kinder dabei sind. Und während die Eltern in Cafés ihren Latte Macchiato schlürfen und Möhrenkuchen essen, schlummern ihre Babys draußen im Kinderwagen. Die Eltern haben natürlich ein Auge auf sie, aber man vertraut sich. Früher ging es sogar so weit, dass selbst in Reykjavík die Haustüren nicht abgeschlossen wurden. Das ist heute nur noch auf den Dörfern und in Kleinstädten so.

Kinder überall, hier auf einer Demo am 1. Mai

Vier Kinder! Sind die alle vom selben Partner?

Während die meisten bei uns irgendwann in ihrem Leben an den Punkt kommen, wo sie sich fragen, ob und wann sie Kinder haben wollen, stellt sich diese Frage in Island erst gar nicht: Sie wachsen mit dem Selbstverständnis auf, dass sie eigene Kinder haben werden, sofern es denn klappt.
Nachwuchs ist immer willkommen, ob er nun geplant war oder das Ergebnis eines One-Night-Stands. So schafften es die Isländer seit dem Ende des Zweiten Weltkrieges, also kurz nach ih-

rer Unabhängigkeit, die Bevölkerung von rund 130 000 mittlerweile mehr als zu verdoppeln. Laut Eurostat bekommen sie europaweit die meisten Kinder. Andri Snærs Familie ist in Island also nicht exotisch, ungewöhnlich ist eher, dass alle vier Kinder von derselben Frau sind. Denn Schätzungen zufolge soll jede dritte Familie eine Patchworkfamilie sein, bei uns ist es ungefähr jede zehnte.

Manche nennen sie Misch- oder Stieffamilien, doch zumindest letztere Bezeichnung hat immer noch das Odium des Negativen, ja sogar des Bösen. Insofern beschreibt »Patchworkfamilie« die Lage am ehesten, denn wie bei einer Quilt-Decke werden verschiedene Stücke zu einem neuen Ganzen zusammengefügt. Der Begriff ist übrigens wie das Wort »Handy« eine deutsche Kreation. Dass inzwischen auch bei uns Patchworkfamilien allmählich zum Alltag gehören, sieht man zum Beispiel daran, dass das Möbelhaus Ikea im deutschen Fernsehen Werbespots ausstrahlt, die das Zusammenziehen zweier neuer Partner samt jeweils eigenem Nachwuchs thematisieren. Trotzdem wird bei uns, anders als in Island, nur selten über diese neue Familienform gesprochen, viele sehen sie hier noch als Makel an, als ein Scheitern.

Natürlich trennen sich die Isländer nicht leichtfertig, aber sie quälen sich auch nicht zehn Jahre in einer unglücklichen Beziehung, nur weil sie kleine Kinder haben. In Island sind die Familienkonstellationen traditionell ungewöhnlich. Schon in der Großelterngeneration wuchsen einige damit auf, dass der Vater sechs Kinder mit einer anderen Frau hatte oder die Witwe eines Seemannes eine neue Familie gründete. Deshalb muss man sich auf eine lange Antwort gefasst machen, wenn man einen Isländer fragt, wie viele Geschwister und Angehörige er hat.

Auch der zehnjährige Jón Ágúst kommt manchmal etwas durcheinander, wenn er all seine Halbgeschwister aufzählen soll. Denn seine Mutter Helga hat mit ihrem neuen Mann Birgir (Jóns Stiefvater) noch zwei gemeinsame Kinder: Viktor Ingi ist vier Jahre alt, Andri Ísak drei. So weit, so gut. Der Stiefvater hat außerdem noch drei Kinder aus zwei vorherigen Beziehungen, und Jóns leiblicher Vater hat ebenfalls drei weitere Kinder – aus verschiedenen Beziehungen.

Nicht jede isländische Familie ist so weit verzweigt wie Jóns. Sie ist aber auch kein Einzelfall. Helga Jónsdóttir, die Mutter des Zehnjährigen, wuchs ebenfalls in einer Patchworkfamilie auf. Von ihrem ersten Mann trennte sie sich, als Jón ein Baby war. »Eigentlich wollte ich einen Partner finden, der noch keine Kinder hat«, gesteht Helga. Doch dann lernte sie Birgir kennen. Beide kannten sich aus der Nachbarschaft, sie waren vier Jahre zusammen, als weiterer Nachwuchs ins Haus stand.

Wie kommt es, dass Isländer so viele Kinder kriegen? »Wir denken nicht so viel darüber nach«, sagt die 38-Jährige. »Es passiert einfach.« Diese Antwort ist immer wieder zu hören – und vermutlich der Schlüssel für den Kindersegen. Die genügend vorhandenen und bezahlbaren Kita-Plätze helfen dabei.

Helgas Familie lebt in Kópavogur, mit 30 000 Einwohnern ist es nach Reykjavík die zweitgrößte Stadt Islands. Sie liegt direkt südlich der Hauptstadt, ein beschaulicher Ort, aber mit dem größten Shopping-Center der Insel. Nur fünf Minuten davon entfernt wohnt Helga in einer schmalen Straße mit Einfamilienhäusern in einem modernen Reihenhaus, der Kindergarten befindet sich circa 400 Meter weiter am Ende der Straße. Dort sind die beiden Jüngsten von 8 bis 15 Uhr, toben im Freien und malen Bilder von Elfen. Der Zehnjährige ist tagsüber in der Schule.

Helga hat Glück, dass ihre Eltern, Schwiegereltern und auch einige der Halbgeschwister und Stiefkinder in der Nachbarschaft wohnen. Es ist immer jemand da, der die dreifache Mutter unterstützen kann, die nebenbei noch an der Fernuniversität Betriebswirtschaftslehre studiert. Hat die Familie mal keine Zeit, helfen Freunde oder Nachbarn. Die direkten Nachbarn gehören zwar nicht zu Helgas engstem Freundeskreis, aber sie wüsste, dass auch sie kurz auf die Kleinen aufpassen würden, wenn es denn nötig wäre. Das soziale Netz funktioniert hier, man verlässt sich aufeinander, in der Kleinstadt Kópavogur werden die Haustüren meist nicht abgeschlossen.

An diesem Nachmittag sitzt Helga in der Küche, trinkt Kaffee, die drei Söhne tollen um sie herum, zwischendurch stibitzen sie sich vom Küchentisch Pfannkuchen, die eine ihrer Großmütter gebacken hat. Ihr Zuhause ist mit modernen Möbeln eingerichtet, an den Wänden hängen Gemälde, im Wohnzimmer steht ein neuer Fernseher, jedes der drei Kinder hat sein Zimmer. Vor dem Haus parkt ein großer Jeep. Um sich all das leisten zu können, muss die Familie viel arbeiten. Helgas Mann Birgir ist Zimmermann und hat eine eigene kleine Firma. Sie selbst war früher Maskenbildnerin beim Fernsehen, nach ihrem Studium will Helga als Buchprüferin tätig sein.

Fünf Jahre ist es her, dass ich Helga und ihre Patchworkfamilie das erste Mal getroffen habe. Dann kam Ende 2008 der Finanzcrash in Island. Ihr Leben veränderte sich komplett. Im Rahmen der Krise bekam Birgir kaum Aufträge, keiner konnte es sich mehr leisten, ein Haus bauen zu lassen. Er fand Arbeit in Norwegen, und die Familie überlegt auszuwandern. Die Fernbeziehung belastet sie, momentan leben Helga und Birgir getrennt. Wahrscheinlich müssen sie ihr Haus verkaufen, der Jeep ist schon weg, immerhin hat die inzwischen 43-Jährige einen sicheren Job in der Finanzabteilung eines Lebensmittelkonzerns. »Es ist nicht einfach, aber ich stehe noch«, sagt Helga. »Ich habe meine drei Jungs und die Familie.« Sie sind nicht die einzige Familie, die unter der Krise leidet. Helga und ihr Mann Birgir

Goldene Regeln für das Leben in Patchworkfamilien

- Dein Alltag ist insgesamt nicht gewöhnlich, warum also nicht auch in einer ungewöhnlichen Familienstruktur leben?
- Für die Kinder ist es besser, wenn die Eltern getrennt glücklich sind, als zusammen unzufrieden. Es braucht natürlich seine Zeit, bis sich alle Beteiligten an die neue Situation gewöhnen.
- Habe Geduld.
- Alle Mitglieder sollten sich den Druck nehmen, eine klassische Familie sein zu wollen.
- Es ist normal, dass die Kinder und der neue Partner anfangs eifersüchtig aufeinander sind.
- Verbringe mit allen Zeit allein: dem Partner, den eigenen Kindern, den neuen Kindern und mit dir.
- Finde ein gemeinsames Hobby mit den Kindern, bei dem sie dir noch etwas erklären können.
- Rede offen über deine Gefühle – mit allen Beteiligten.
- Freue dich über die kleinen schönen Momente und die Vorteile einer größeren Familie.
- Erweitere deinen Genpool: Lieber 2,15 Kinder von zwei Partnern als 1,37 Kinder (wie in Deutschland) von einem.
- Nimm das Leben nicht zu ernst.
- Wenn du mit einem Stiefkind einfach nicht zurechtkommst, tausche es mit einem Kind aus einer anderen Patchworkfamilie. Vielleicht merkt es ja niemand.

hoffen, dass sie wieder zueinanderfinden. Sicherlich wünschen sich auch Isländer eine dauerhafte Beziehung, sie gestehen sich jedoch schneller ein, wenn es nicht klappt. Trennungen sind hart und unromantisch, aber sie ermöglichen einen ehrlichen Umgang miteinander und die Chance, ein neues Glück zu finden. Die meisten lernen recht zügig einen anderen Partner kennen und stürzen sich mit gleicher Leidenschaft ins nächste Liebesabenteuer. Die romantische Hoffnung der Realisten: Vielleicht klappt es ja diesmal! Die Isländer haben keine Angst, Beziehungen einzugehen, weil sie auch keine Angst haben, sich wieder zu trennen. Eine Isländerin gab ihrer Freundin sogar mal den Tipp, mit dem ersten Mann nicht zu viele Kinder zu bekommen, dann habe sie noch »Luft« für weiteren Nachwuchs mit dem nächsten Mann. Der Gedankengang geht vielen Isländern zu weit, allein schon deshalb, weil sie ja tendenziell nicht so viel nachdenken, sondern Dinge einfach passieren lassen. Überspitzt gesagt: Erst bekommen Paare ein Kind, dann überlegen sie, wie sie das eigentlich alles regeln wollen.

Vier Mal Oma, vier Mal Opa

Sirra, die Künstlerin, die in Berlin gerne spontane Performances inszeniert, war 21 Jahre alt, als ihre Tochter Katrín auf die Welt kam. Mit dem Vater der mittlerweile Zwölfjährigen ist Sirra schon lange nicht mehr zusammen, doch sie teilen sich das Sorgerecht. Die zierliche, rothaarige Isländerin sitzt in der Kling & Bang-Gallerí, die in der Innenstadt Reykjavíks liegt. Ihr neuer Partner Erling Klingenberg hat ebenfalls zwei Kinder: Sein Sohn ist zwanzig Jahre alt, seine Tochter gerade mal ein Jahr jünger.

Der Hafen von Reykjavík

Der 41-Jährige lächelt ein wenig verlegen. »Sie sind von zwei verschiedenen Frauen.«
Sirra und Erling betreiben mit befreundeten Künstlern die Galerie, hauptberuflich arbeitet sie momentan als Programm-Managerin beim einem Reykjavíker Museum. Wenn mal wieder eine Vernissage ansteht, heißt es improvisieren. Anders als Helgas Familie leben Sirras Verwandte nicht direkt um die Ecke. Da konnte es besonders früher, als ihre Tochter noch kleiner war, schon mal schwierig werden. Gelegentlich sprangen Erlings Eltern ein, sozusagen die Stiefgroßeltern – oder seine Kinder. Oft kommt Katrín aber einfach mit und vertreibt sich die Zeit am Laptop, malt Manga-Bilder oder lernt zum Spaß Japanisch. Während wir in der Galerie sind, folgt Katrín unserer Unterhaltung über Patchworkfamilien, irgendwann klinkt sie sich ins Gespräch ein: »Soll ich dir mal erklären, wie viele Großeltern ich habe?« Sie fängt dann an, alle aufzuzählen: Katrín kommt auf

acht Großelternteile. Bei der einen Oma darf sie immer lange fernsehen, bei der anderen gibt es das beste Frühstück. Ein weiterer Vorteil der großen Familie sind die vielen Geschenke.
Sirra ist froh, dass sie ein freundschaftliches Verhältnis zu ihrem Expartner hat und ihre Tochter den neuen Partner akzeptiert. Die halbe Woche lebt Katrín beim Vater, die andere Zeit bei ihr und Erling. Seit über acht Jahren wohnen sie zusammen, Erling bewundert Katríns Manga-Zeichnungen, kontrolliert, dass sie nicht zu lange vor dem Computer sitzt und abends rechtzeitig schlafen geht. Erling ist für sie wie ein Vater und Freund. »Wir haben das Glück, dass es bei uns gut funktioniert«, sagt Sirra. »Anders geht es auch gar nicht. Es muss klappen.«
Manche Isländer sehen in der Patchworkfamilie sogar schon die neue klassische Familienform. Für diejenigen, die mit dieser Lebensform Probleme haben, ist Sozialarbeiterin Valgerður Halldórsdottir da. Sie führt Coaching-Gespräche und hat seit einigen Jahren die Website »Stjúptengsl«, was so viel wie »Stiefbeziehungen« bedeutet. »Einige verschweigen ihre Stiefkinder anfangs«, berichtet Valgerður, »oder sie wissen nicht, wie sie mit ihnen umgehen sollen.« Sie fragen: »Muss ich das Kind meines Partners lieben wie eine Mutter?« Natürlich nicht, erklärt die Expertin ihnen dann. Aber es sei wichtig, dass alle Mitglieder aus den neu zusammengesetzten Familien offen über ihre Gefühle sprechen.
Valgerður weiß auch privat, wovon sie spricht. Schon ihre Eltern wuchsen in einer solchen Konstellation auf, ebenso ihre inzwischen erwachsenen Kinder. Die gaben Valgerður für ein Buch, das sie gerade über das Thema geschrieben hat, folgenden Tipp mit auf den Weg: »Lasst die Eltern Eltern sein und die Stiefeltern eine gute Ergänzung.«
Der Nachteil dieser kinderreichen Gesellschaft ist der Makel, keine zu haben. Für manche ist der Druck, Nachwuchs zu be-

kommen, so groß, dass sie für eine Weile ins Ausland gehen. In Deutschland schaut einen niemand komisch an, wenn mit 33 Jahren noch andere Dinge im Vordergrund stehen, man reisen will oder sich ausschließlich auf die Karriere konzentriert. »Wer bei uns mit 25 kein Kind hat, mit dem stimmt etwas nicht«, sagte mir ein Isländer mal, der selbst vierfacher Vater ist. Das sollte zwar nur ein flapsiger Spruch sein, er zeigt jedoch das Weltbild dahinter. Die wenigen kinderlosen Isländerinnen müssen sich von engsten Verwandten schon mal anhören, sie seien keine vollwertigen Frauen. Und Paaren, die mehr als fünf Jahre ohne Nachwuchs zusammen sind, wird per Ferndiagnose Unfruchtbarkeit unterstellt.

Der Druck geht sogar so weit, dass selbst Schwule und Lesben ständig gefragt werden, ob sie denn nicht Kinder adoptieren wollen. Da kann Jóhanna Sigurðardóttir, die erste offen homosexuelle Regierungschefin der Welt, nur froh sein, dass sie früher mit einem Mann verheiratet war und zwei Söhne bekam. Auch Jóhannas Ehefrau ist Mutter eines Sohnes. Bei der alljährlichen Gay Parade, die in Reykjavík ein ähnlich großes Event ist wie für die Kölner der Karneval, wird der Wert der Kinder ebenfalls deutlich: Auf den bunt geschmückten Wagen ist kaum Platz für die homosexuellen Teilnehmer, weil die schon voller kostümierter Kinder sind.

Das allerletzte Blatt

Die Verbundenheit der Isländer geht bis in den Tod. Und im Prinzip ist nur tot, wer einen Nachruf bekommt. Anders als in Deutschland wird nicht nur berühmter Verstorbener gedacht, sondern jedes Toten. Auf der Insel ist eben jeder wichtig. Und daher veröffentlicht Islands älteste Tageszeitung ›Morgunbla-

ðið‹ täglich rund fünfzig Nachrufe für fünf Verstorbene. Geschrieben werden sie nicht von Journalisten, sondern von Verwandten, Freunden, Kollegen oder einfach nur Bekannten.
Die kostenlos veröffentlichten Nachrufe, die auf Isländisch »Minningar«, Erinnerungen, heißen, beginnen stets mit einer kurzen Biografie samt Foto, in der außer der Karriere auch die Familienverhältnisse des Verstorbenen rekonstruiert werden – was bei den kinderreichen und weit verzweigten Familien ernsthafte Recherchearbeit bedeutet. Deren Ergebnisse werden akribisch dokumentiert und füllen etliche Zeilen.
»Das Schreiben und Lesen von Nachrufen ist für Isländer ein bisschen wie eine nationale Obsession«, sagt der Anthropologe Arnar Árnason, der die Tradition der Nachrufe erforschte. Etwa ein Fünftel der Bevölkerung liest täglich die Erinnerungen an seine Landsleute. Kenne ich den Verstorbenen? Oder einen der Verwandten? In einer so eng vernetzten Gesellschaft passiert es oft, dass der Leser gemeinsame Bezüge herstellen kann. Manche Nachrufe sind wie nüchterne Biografien formuliert, viele als intime Briefe an die Verstorbenen. Nur, dass alle an der Trauer und dem Schicksal der anderen teilhaben können. »Zeitung der Toten« wird ›Morgunblaðið‹ daher von einigen genannt. »Unsere Zeitung ist wie ein Akkordeon«, sagt Stefán Ólafsson, der die Minningar-Redaktion betreut, »je mehr Menschen sterben, desto umfangreicher ist die nächste Ausgabe.«
Die Würdigungen erscheinen am Tag der Beerdigung oder am Tag danach. Es kann sein, dass bis zu 35 Menschen beerdigt werden, dann lassen gut 250 Nachrufe den Umfang der Zeitung anschwellen. In manchen Ausgaben füllen die Nachrufe bis zu 15 Seiten – mehr, als gewöhnlich die internationale Politik einnimmt. Auch an diesem Tag stapeln sich auf Stefáns Schreibtisch wieder Minningars, die bald abgedruckt werden.

Nur selten müsse er die Verfasser anrufen und um Änderungen bitten, sagt der Redakteur, etwa wenn sie den Toten oder dessen Familie beleidigen. Ansonsten gibt es nur zwei Regeln: Sie dürfen nicht zu lang sein, und es sind keine selbst verfassten Gedichte erlaubt. Früher veröffentlichte die Zeitung sie noch, doch die meisten waren von so fragwürdiger lyrischer Qualität, dass die Redaktion irgendwann beschloss, diese Form auszuschließen, eine umstrittene Maßnahme im Land mit einer so schreibfreudigen Bevölkerung. Bereits seit über neunzig Jahren erscheinen in Island die einzigartigen Gedenktexte. Sie waren und bleiben bis heute ein Porträt der Gesellschaft – kurze moderne Sagas und somit auch Familiengeschichten.

»Manche benutzen in ihren Texten Bilder aus alten Sagas«, sagt Anthropologe Arnar. In einem Nachruf über einen Mann namens Árni etwa stand zu lesen: »Er war bekannt für seinen Fleiß. Wenn er mitanpackte, war es, als würde er mit drei Schaufeln graben oder mit drei Hämmern schlagen.« Zu Beginn des vergangenen Jahrhunderts, als Island noch eine Kolonie Dänemarks und ein armer Bauernstaat war, beschrieb man gute Männer vor allem als freie und starke Individuen, deren Leidenschaft und Tatendrang gelobt wurden. Eine gute isländische Frau hingegen war eine selbstlose Mutter, wie diese Verstorbene: »Im Einklang mit ihrer selbstlosen Art nahm sie Abschied an einem Tag, an dem alle freihatten. So konnten sich alle von ihr verabschieden, ohne ihre Arbeit unterbrechen zu müssen.« Früher schrieben meist Verwandte und Bekannte die Würdigungen, damals noch ausschließlich in der dritten Person.

Seit 1994 ist es erlaubt, die Nachrufe direkt an den Verstorbenen zu adressieren. Dadurch sind die Erinnerungen emotionaler und persönlicher. Eine Frau beschreibt zum Beispiel in einem Gedenktext für einen Familienfreund, wie sie als Zehnjährige die Treffen mit dem warmherzigen Mann genoss und wie er ihr

Gedichte beibrachte. Die Erinnerungen sind aber nicht nur an die Sonnenseiten geknüpft, selbst der Alkoholismus des Vaters wird thematisiert. Manchmal fühlt der Leser sich wie ein Voyeur, wenn er diese intimen Briefe liest. Aber sie halten die Gesellschaft auch zusammen. So kennt man nicht nur die Lebenden, sondern auch die Toten.

3 Natur

Der König will segeln, doch der Wind trifft für ihn die Entscheidung.

Isländisches Sprichwort

Es fällt schwer, die isländische Natur zu beschreiben, ohne dabei pathetisch zu klingen: Die einen sehen in der Vulkaninsel des Teufels Küche oder ein kahles, gottverlassenes Eiland, die anderen verklären es als magische Elfeninsel oder sagenumwobenes Land aus Feuer und Eis. Was auch immer man in Island sieht, beide Lager würden wohl bestätigen, dass es eine existenzielle Erfahrung ist. Bis heute bestimmt hier die Natur, was geht und was nicht: Vielerorts zischt und blubbert es, steigt Dampf empor oder bricht die Erde auf. Diese Natur lehrt dich, im Hier und Jetzt zu leben, sagen sie. Denn wer weiß schon, was morgen ist? Ein Erdbeben, ein Schneesturm, ein Vulkanausbruch? Alles kann passieren.

Weil sie das verinnerlicht haben, gehen die Isländer erstaunlich gelassen mit Naturkatastrophen um – das merkte die internationale Öffentlichkeit auch im Frühjahr 2010, als innerhalb von wenigen Wochen gleich zwei Vulkane ausbrachen und die Asche des Eyjafjallajökulls den Flugverkehr in halb Europa lahmlegte.

Das Motto der Insulaner: Reg dich nicht über Dinge auf, die du nicht ändern kannst! Schließlich bricht durchschnittlich alle fünf Jahre ein Vulkan aus, Erdbeben gibt es mehrmals im Jahr, und dass wegen eines starken Wetterumschwungs mal eine geplante Reise ausfällt, gehört zum Alltag.

Da gilt es den Moment zu nutzen. Und das bedeutet für die abenteuerlustigen Isländer, mit Kind und Kegel so nah wie möglich an den Feuer speienden Vulkan zu fahren. Die erste Ausbruchstelle lag in der Hochebene Fimmvörðuháls, sie bildet einen Pass zwischen den Gletschern Eyjafjallajökull und Mýrdalsjökull. Da diese Hochebene nicht von einer dicken Eisschicht bedeckt war, brachte der Ausbruch die spektakulären Bilder der sprudelnden Lava hervor.

Der Fimmvörðuháls liegt im Süden Islands, rund anderthalb Autostunden von der Hauptstadt entfernt. Wer wenig Zeit hatte, begnügte sich mit einem kurzen Abstecher zum Fuße des Vulkans; auch aus der Ferne waren die riesige Rauchwolke und die feurigen Fontänen beeindruckend. Den meisten Isländern reichte das aber nicht, sie fuhren mit ihren Jeeps hoch: direkt zur glühenden Lava. Ein Liebespaar ließ sich dort sogar ein Luxus-Dinner servieren. Während die beiden an einem Tisch mit weißer Tischdecke gekühlten Champagner tranken und eine vor Ort gekochte Hummersuppe aßen, schoss nur unweit von ihnen die Lava gen Himmel. Helikopter kreisten Ende März und Anfang April scheinbar in Endlosschleife über das Gebiet, bis zu hundert Jeeps parkten auf den runden Bergplateaus. Einige Schaulustige veranstalteten Barbecues, brieten auf den glühenden Steinen ihre mitgebrachten Steaks.

Ein Volk, umzingelt von Natur

Jeder Isländer hatte in seinem Leben mindestens ein einschneidendes Naturerlebnis. Und auch viele Island-Reisende suchen das Exotische und Unberechenbare, aber sie wollen natürlich

Warum laufen, wenn man auch mit dem Jeep auf den Berg kommt?

auch, dass alles schön organisiert ist – vermutlich, weil sie es aus ihrer Heimat nicht anders kennen. Bei uns gibt es überall Brücken und ausgebaute Straßen, in Island ist das nicht so. Einige Touristen genießen das Abenteuer, einen Fluss zu durchfurten oder über schmale Schotterpisten zu huckeln, andere geben Isländern ungefragt gut gemeinte Tipps, wie etwa ein deutscher Reisender, der nach einer mehrtägigen Tour über die Insel den Kopf schüttelte und sagte: »Hier gibt es noch sehr viel zu tun! Es muss was gemacht werden!« Doch sie wollen nichts machen, es soll genau so bleiben.

Die Isländer haben ihr ganz eigenes Hilfsmittel, unwegsame Strecken zu bewältigen: ihre Jeeps. Die teils mächtigen Wagen mit Monsterreifen und Allradantrieb sind ihr Triumph über die widrige Natur. Damit können sie selbst breite Flüsse überqueren, sich einen Weg durch den Schnee bahnen oder steile Hänge überwinden, nicht nur zum Vulkan, sondern auch auf die Gipfelplateaus vieler Berge. Und so passiert es Wanderern immer wieder, dass Isländer mit Karacho an ihnen vorbeidüsen. Oben angekommen machen die Fahrer meist kurz Halt, schau-

en sich um und tuckern dann wieder gemütlich herunter. Woran erkennt man einen Touristen?, lautet eine Scherzfrage. Die Antwort: Touristen steigen aus dem Auto.
Die Isländer sind verrückt nach motorisierten Gefährten, sie haben sogar eine höhere Pkw-Dichte als die Deutschen. Es sieht schon ein bisschen albern aus, wenn die Isländer mit ihren Geländewagen durch die schmalen Straßen Reykjavíks steuern. Wer allerdings einmal wirklich draußen in der Natur unterwegs war, versteht, warum sie sich Jeeps anschaffen. Denn mit einem Kleinwagen sind einige Teile des Landes nicht passierbar, und wenn, dann nur bei schönem Wetter. Außerdem muss man wissen, dass es in Island, abgesehen von Inlandsflügen, einigen Bussen und Fähren keine öffentlichen Verkehrsmittel gibt – so etwas wie Straßenbahnen, Züge oder gar U-Bahnen existieren auf der Vulkaninsel nicht. Dennoch: Was ihren Autokonsum angeht, haben sie ein widersprüchliches Verhältnis zum Umweltschutz.
Die Natur ist für Isländer selbstverständlich und allgegenwärtig. Schon der Name Reykjavík, »rauchende Bucht«, ist eine Anspie-

lung auf die vielen dampfenden, heißen Quellen der Region. Sogar in der Innenstadt ist an fast jeder Stelle entweder das Meer oder ein Zipfel der angrenzenden Berge wie der schön geschwungene Esja zu sehen; bei klarer Sicht erblickt man auch den 120 Kilometer entfernten Snæfellsjökull, jenen schneebedeckten Vulkan, den der französische Schriftsteller Jules Verne in seinem Roman ›Die Reise zum Mittelpunkt der Erde‹ als Eingang zur Unterwelt wählte.

Und so gerne die meisten Isländer in ihren wohlbeheizten Jeeps sitzen und durch die Windschutzscheibe die heimischen Landschaften erkunden, einige von ihnen wagen sich dann doch freiwillig in die Natur – entweder um zu ihrem Sommerhaus zu kommen, in dem sie es sich dann wieder bequem machen können, oder um tatsächlich zu wandern. Wer sich den

Links: Steinwüste im Hochland
Oben: Reykjavík mit dem Berg Esja im Hintergrund

Naturgewalten stellen will, muss nur aus der Hauptstadt fahren. Das macht an einem Samstag im August auch eine Gruppe von 28 Teilnehmern. Die Isländer wollen für drei Tage den anstrengenden Alltag hinter sich lassen, sich mal wieder der Natur hingeben. Organisiert wird die Tour von »Wanderlust«, einem kleinen Veranstalter für umweltbewusste Wanderungen, und dem Umweltverband »Landvernd«. Der Sommer war bis jetzt ausgesprochen warm gewesen, die Leute sprechen sogar von einer »Hitzewelle«, in Reykjavík liegen die durchschnittlichen Temperaturen bei 12,2 Grad Celsius. (An manchen Tagen klettert das Thermometer andernorts tatsächlich auf 20 Grad.)

Für das Wochenende ist allerdings viel Regen angesagt. Die Reisenden beunruhigt das nicht weiter, schließlich ist es kein Klischee, dass sich in Island das Wetter alle zwanzig Minuten ändert. Auf Regen folgen schnell Sonnenschein (oder zumindest Trockenheit) und unzählige Regenbögen. Bei der Abreise hängen schwere, dunkle Wolken über Reykjavík. Die Gruppe startet vom zentralen Busbahnhof in zwei Wagen, einem Hochlandjeep mit Platz für rund zehn Personen, und einem normalen Reisebus.

Nach kurzer Fahrt zeigen sich am Wegesrand die Spuren früherer Vulkanausbrüche – kilometerweit moosbewachsene Lavafelder. Für Ausländer ist das etwas Besonderes, für Isländer dagegen so normal wie für uns ein Wald. Aus der Ferne sieht es aus, als bilde das Moos nur eine dünne Schicht auf den kantigen Felsformationen, tatsächlich ist es an manchen Stellen bis zu zwanzig Zentimeter dick. Wie eine weiche Decke, ein grünes Polster umhüllt das Moos die schroffen Steine.

Über die Ringstraße, auch Nationalstraße Nummer 1 genannt, geht es an diesem Samstag in Richtung Süden. Wie ein schma-

Friedhof in den Westfjorden

les Band führt die Ringstraße einmal um die Insel. 1336 Kilometer, meist in Küstennähe. Nicht alle Abschnitte sind asphaltiert, lediglich wenigen Stellen sind vierspurig. Außer der Ringstraße gibt es noch einige Verästelungen – weitere Straßen und Wege, die ins Hochland führen, zu den Halbinseln, zu Ortschaften oder einsam gelegenen Höfen. Doch egal, wo man entlangfährt, die Natur ist immer größer.

Zu dieser gehören neben den Lavafeldern auch zahlreiche Gletscher und Islandpferde. Die robusten Tiere leben halbwild, unbeeindruckt trotzen sie jedem Sturm. Sie sind neben den verstreut liegenden Höfen und ein paar Schafen die einzigen Farbflecke in den Weiten. Nach circa einer Stunde Autofahrt liegt Hekla (»Haube«), einer der aktivsten Vulkane der Insel, vor uns. Viele Isländer glauben, dass der 1491 Meter hohe Zentralvulkan bald ausbricht. Und wer weiß, vielleicht ist es ja schon geschehen, wenn du diese Zeilen liest. Seit Mitte des vergange-

nen Jahrhunderts brach Hekla etwa alle zehn Jahre aus: 1970, 1980, 1991 und 2000.

Im Mittelalter glaubten die Isländer noch, Hekla sei das Tor zur Hölle, erst Mitte des 18. Jahrhunderts trauten sich die Ersten, den Berg zu besteigen. Früher war es ohnehin nicht üblich zu wandern. Man ging nur so hoch, wie die Schafe weideten. In unserer Reisegruppe kennt jeder diese Geschichten, trotzdem hören die Isländer gerne zu, wenn die beiden mitgereisten Geologen ihr Wissen zum Besten geben, zu jedem Stein gibt es etwas zu sagen. Unser Ziel ist die Region um den Torfajökull, dort befindet sich das größte Hochtemperaturgebiet Islands. Hier soll man fast alle Elemente der isländischen Natur in unmittelbarer Nähe erleben – heiße Quellen, mehrfarbige Rhyolithberge, schwarze Sandwüsten, Gletscher und grüne Berge. Die Busse verlassen nun die asphaltierte Straße; sie huckeln weiter über einfache Pfade und Schotterpisten. Ständig geht es bergauf und -ab, wie bei einer Achterbahnfahrt, nur dass die Busse gezwungenermaßen langsamer sind. Denn an manchen

Stellen führt der einspurige Weg so steil hinauf, dass man möglichen Gegenverkehr nicht sehen kann. Je weiter wir ins Hochland fahren, desto improvisierter werden die Straßen, kleine Steinpyramiden dienen als Wegweiser. Irgendwann kommt der normale Bus nicht mehr weiter. Diejenigen, die ihre Kräfte schonen wollen, tuckern mit dem Jeep den steilen Berg hinauf. Wir anderen laufen.

Abtauchen in eine andere Welt

Schon die zweistündige Fahrt war ein langsames Abtauchen in eine andere Welt, doch erst jetzt beginnt unsere eigentliche Reise. Plötzlich stehen wir mitten in der Einsamkeit. In einer kargen Gegend ohne Handyempfang, umringt von dunklen Bergen, ansonsten nichts. Schritt für Schritt erklimmen wir den ersten Hügel. Es regnet nun leicht. Auf rund 1100 Höhenmetern angekommen erblickt man das wellenförmige Bergpanorama: rostrote und schwefelgelbe Rhyolithberge, aus denen Dampf emporsteigt, dahinter schwarze, moosbewachsene Lavahügel, auf den Gipfeln liegt ein wenig Schnee. Zeit für eine kurze Pause. Der jüngste Teilnehmer ist zwölf Jahre alt, der älteste 78. Sie genießen den Ausblick, atmen tief durch. »Wir haben keine Schlösser und Burgen, wir haben die Natur«, ist ein beliebter Spruch.

In dieser Weite fühlen sie sich frei. Nun könnte man vor dieser Kulisse auch ein wenig Angst bekommen, schließlich reiht sich Hügel an Hügel, nirgendwo ist ein Zeichen von Zivilisation zu sehen. Doch für die Isländer ist das normal. Auch dass während der dreitägigen Tour keiner unseren Weg kreuzen wird, irritiert

Der Blick auf Hekla

sie nicht. Im Gegenteil: Das macht den Reiz aus. Deshalb wandern sie genau diese Tour und nicht eine der bekannten, klassischen Routen. Sie wollen sich wie Pioniere fühlen, unentdecktes Land erkunden. Reiseleiterin Ósk Vilhjálmsdóttir geht zügigen Schrittes voran, in ihrer Freizeit läuft sie Marathon. Seit über zwanzig Jahren arbeitet die heute 48-Jährige im Sommer als Guide (im Winter als Künstlerin), mittlerweile hat sie sich auf Hochlandtouren in unbekannte Gebiete spezialisiert. Sie ist eine zierliche Frau mit langen blonden Haaren. Über ihrem Trecking-Outfit trägt Ósk ein buntes Kleid, so ist sie stets gut zu erkennen und erinnert an die Fjallkonan, Bergfrau. (Die Fjallkonan ist die weibliche Inkarnation von Island.)
Wer mit Ósk läuft, beschreitet neue Wege. Obwohl die meisten Teilnehmer schon viel in ihrer Heimat gereist sind, war keiner von ihnen bisher auf dieser Strecke beim Torfajökull-Gebiet. Es

Unterwegs in Ósks Gruppe

gibt kaum vorgetretene Pfade. Auch für Ósk ist jede Tour anders, weil sie stets sehen muss, wie sich das Wetter entwickelt und wie fit die Mitwanderer sind. Wir machen immer wieder Pausen, schließlich ist das Motto von »Wanderlust«: Genießen statt rennen.

Die Teilnehmer sollen ja die Chance haben, die Natur in Ruhe wahrnehmen zu können, sich inspirieren zu lassen. »Jeder verändert sich in der Natur, diese Landschaften verändern einen«, sagt Ósk. Bockige Teenager werden plötzlich zu netten, hilfsbereiten Heranwachsenden; schüchterne Charaktere gehen aus sich heraus und gestresste Politiker sind ganz froh, dass sie im Hochland niemand erreichen kann. Alle haben dasselbe Ziel: die nächste Etappe zu meistern und völlig in der Natur aufzugehen. Rund zehn Kilometer wandern wir am ersten Tag entlang der Gebirgsketten, kein Wald trübt den Panoramablick. Die Na-

tur wirkt intensiv auf unsere Körper, wir spüren die frische Luft, die Witterung. Der Wind pfeift uns um die Ohren, mal ist es diesig, dann nieselt es, und zehn Minuten später lugt die Sonne kurz hervor. Gegen Nachmittag erreicht die Gruppe eine natürliche Lehmquelle, einige von uns nehmen ein kurzes Bad im vierzig Grad heißen grauen Schlamm. Er ist schwer, tief und stellenweise sogar noch heißer. Manche finden im Matsch kaum Halt, doch mit Hilfe der Umstehenden krabbeln alle wieder raus. Anschließend waschen wir uns, so gut es geht, im nahe gelegenen Bach. Jede Stunde in dieser Natur ist eine Erholung, trotz klebrigem Schlamm in den Haaren und erneutem Regenguss. Langsam verwandeln wir uns mit den Landschaften: laufen und lassen es laufen.

Schnell mal etwas zimmern

Am frühen Abend sehen wir von einem Bergmassiv auf ein von breiten Flüssen durchzogenes Tal mit leuchtend grünen Wiesen. In der Ferne liegt auf einem schwarzen Lavahügel ein Gebäude: unser Ziel. Eine Stunde später erreichen alle 28 Wanderer Dalakofinn, die Talhütte.
Versprochene Kapazität an Schlafplätzen: 30
Tatsächliche Kapazität: 18

Der Hüttenbesitzer hatte das Holzhaus kurz vorher umgebaut und versprach Reiseleiterin Ósk selbst am Vorabend noch, rechtzeitig fertig zu werden. »Ja, ja, das klappt schon.« Typisch Island, alles wird auf den letzten Drücker erledigt. Doch wo eigentlich rund zehn Schlafplätze sein sollten, stapeln sich lediglich ein paar Balken, Bretter und Werkzeuge. Von wegen þetta reddast! Aber irgendwie dann auch doch wieder, denn als der

Schlafplatzmangel entdeckt ist, legen einige Wanderer ohne zu zögern los. Sie basteln eine Zwischenetage, auf der man weitere Matratzen hinlegen kann; die Treppe, um dort hochzukommen, zimmern zwei Männer aus herumliegenden Brettern.
Keiner beklagt sich, was würde es auch bringen? (Ósk ärgert sich, doch die Teilnehmer beruhigen sie und versichern ihr, dass das überhaupt nicht schlimm sei.) Schließlich sind die Isländer es gewohnt, sich spontan auf neue Situationen einzustellen, sei es nun ein plötzlicher Sturm oder eine unfertige Hütte in der Einsamkeit.
Dann rücken sie nachts eben ein bisschen enger zusammen, die Nähe macht den meisten nichts aus. Einer der älteren Mitreisenden sagt: Meine Eltern sind noch im Torfhaus aufgewachsen, da können wir es uns wohl zwei Nächte in einer gemütlichen Holzhütte gut gehen lassen. Das Haus besteht, mal abgesehen von der Toilette, aus einem großen Raum. Überall verteilt, an Balken und improvisierten Wäscheleinen, hängen jetzt die pitschnassen Klamotten zum Trocknen; vor einem kleinen Radiator stapeln sich feuchte Wanderstiefel.
Während die einen das Nachtquartier bauen, helfen die anderen beim Kochen des Abendessens. Der Proviant und die Köchin kamen über einen Umweg mit dem Hochlandjeep zur Hütte. Köchin Stina zaubert in einer riesigen Pfanne eine Tunfischpasta, zum Nachtisch serviert sie Zwetschgengrütze mit Sahne, einige haben sich Bier und Wein mitgebracht.
Unter den Teilnehmern sind auch Borghildur und Vilhjálmur aus Reykjavík, deren Nachbarin das Gedicht über ihre Bettlaken schrieb. Sie sind die Eltern von Reiseleiterin Ósk, ihre zweite Tochter Björg und deren Mann wandern ebenfalls mit. Die Tour ist also eine Art Familienausflug, die anderen kennen sich teilweise auch untereinander oder waren schon mehrmals mit Ósk unterwegs. Borghildur prüft ihren Blutzuckerspiegel, sie hat

Diabetes, muss immer genau aufpassen und trägt eine Insulinpumpe bei sich.
Manche würden ihr vielleicht von so einer Tour abraten, »doch wenn ich durch die Natur wandere, geht es mir immer gut. Ich fühle mich stark«, sagt die 68-Jährige beim Abendessen. Und war am Tag schneller als manche Dreißigjährige. »In der frischen Luft tanke ich Energie.«
Für eine andere Teilnehmerin ist die Wanderung eine Art »Kloster«. In dieser Zeit komme sie zur Ruhe, denke über ihr Leben nach und was wirklich wichtig sei. »Wenn man hier draußen ist, braucht man nicht viel«, sagt auch Wanderexpertin Ósk. »Du kannst dich mit Sand oder Moos waschen, Wasser aus den Gletscherflüssen trinken, die vitaminreichen Blaubeeren essen und dich in den heißen Quellen aufwärmen.« Da sind die Alltagssorgen weit weg und bedrohliche Finanzkrisen ausgeblendet.
Ist die Natur nicht auch gefährlich? Sicher. Alle wissen, dass man im weiten Hochland nicht alleine wandern sollte. Die Isländer wachsen mit der Erkenntnis auf, dass die Natur größer ist als sie und man es sich mit ihr besser nicht verscherzen sollte. Sie hat das Sagen, die Menschen sind nur winzige, unbedeutende Gäste. Sich über die Natur oder das Wetter aufzuregen, kämen den meisten Isländern daher nicht in den Sinn. Die Natur hat immer Recht.

Gegen 23.00 Uhr ist die Sonne untergegangen. Bei Kerzenlicht sitzt die Gruppe bis Mitternacht in der Hütte. Die Nacht ist kurz; von überall erklingt ein Schnarchen, es klappert, weil jemand auf die Toilette geht, um 7.00 Uhr klingelt 15 Minuten lang ein Handywecker. Keiner beschwert sich oder stellt ihn aus. Ich nutze den ungewollten Weckruf und gehe ins Freie. Den Tipp hatte unsere Wanderführerin mir am Vorabend ohnehin gegeben, als ich sie fragte, wie man so richtig in die Natur eintauchen könne. Denn tagsüber, im Gespräch mit anderen, übersieht man manchmal die Landschaften. Von der Hütte aus habe ich einen weiten Blick ins Tal. Barfuß laufe ich durch das weiche, regengetränkte Moos und setze mich an den Bergrand.

Lasse das Bild auf mich wirken: Von unten steigt schwefeliger Rauch aus einer heißen Quelle empor, das Wollgras weht im Wind – früher wurde es als Docht für Öllampen genutzt –, das Plätschern der Flüsse ist zu hören, in der Ferne blökt ein Schaf. Ich werde von der Landschaft förmlich aufgesogen. Je länger ich dort sitze, desto mehr höre, fühle und rieche ich. In diesem Moment ist die Natur überwältigend.

Schon zehn Minuten Panoramagucken reichen, um gestärkt und entspannt in den Tag zu starten. Das funktioniert überall – im nächsten Wald, am Meer, im heimischen Garten oder beim

Blick aus dem Fenster. Es ist wie Meditation. Um acht Uhr morgens singen Ósk, ihre Schwester Björg und die Mitwanderin Fanney für die anderen ein isländisches Volkslied zum sanften Aufwecken. Ein wenig müde taumeln die anderen aus ihren Betten, zum Zähneputzen gehen viele vor die Hütte und spazieren dabei umher, mit Blick auf den Eyjafjallajökull. Übersetzt bedeutet der für viele schwer auszusprechende Name übrigens ganz einfach »Inselberggletscher«.
Im August 2010 steigt nur weißer Rauch auf, die dunkelgraue Asche des berühmt gewordenen Vulkans liegt wie ein dünner Film über der gesamten Region.

Noch bevor wir frühstücken und uns die Brote für den Tag schmieren, animiert uns die Reiseleiterin zur Gymnastik. Die Arme hoch, auseinander, ausschütteln und dann beim Ausatmen »Huiiiii« rufen. (Einige Übungen erinnern an die Tele-Skigymnastik Rosi Mittermaiers.) Gut aufgewärmt bringt uns der Hochlandjeep wenig später in zwei Gruppen zum Startpunkt. Das blaue Gefährt bahnt sich quietschend und ächzend seinen Weg

durch das unwegsame Gelände. Auf felsigen Abschnitten schaukelt der Jeep hin und her, wie ein Boot auf rauer See. Manchmal sieht man aus dem Fenster direkt in den Abgrund und ist erleichtert, wenn der Jeep wieder in die andere Richtung schwankt.

Durchgeschüttelt stoppen wir am Ende einer hoch gelegenen Schotterpiste, von dort blickt man auf eine gigantische Wand aus Eis. Bis vor einigen Jahren war Íshellar eine riesige Höhle, doch dann brach der Bogen ein, ein Wanderer kam dabei ums Leben. Auch jetzt sollte man sich dem eisigen Koloss nur vorsichtig nähern, jederzeit könnten weitere Brocken abfallen.

Ehrfürchtig, aber auch neugierig stehen wir vor der Eishöhle, die ebenfalls von der grauschwarzen Asche des Eyjafjallajökull bedeckt ist, danach wandern wir querfeldein in eine Niederung: Aus einer Quelle spritzt kochendheißes Wasser mit lautem Getöse in die Höhe. »Das ist eine von weltweit drei natürlichen Springquellen«, erklärt Geologe Sigmundur Einarsson. Sonst gibt es nur noch eine in Neuseeland und auf Island den Geysir Strokkur, jenes beliebte Touristenziel, in das die New Yorker Künstlergruppe ihr grünes Pulver streute.

Kaum einer kennt jedoch diese abgelegene Quelle, kein vorgetretener Weg führt dorthin. Dem Umweltverband und Ósk ist es wichtig, die Gruppe an Orte wie diese zu führen, um darauf aufmerksam zu machen, dass diese Flecken in Gefahr sind. Denn Investoren aus der Großindustrie wollen das Naturschutzgebiet bald für die Energiegewinnung nutzen. Damit wäre diese unberührte Landschaft in Gefahr, wie zuvor schon Kárahnjúkar, ein Vulkangebiet im Osten Islands. Bereits seit 2003 machen Ósk und eine befreundete Yogalehrerin Touren in bedrohte Gebiete. Fast tausend Leute wanderten mit ihnen bis 2006 zum Ká-

Eiswand, bedeckt mit der Asche des Eyjafjallajökull

rahnjúkar. Es war der Lebensraum wild lebender Gänse und Rentiere, der mächtige Gletscherfluss Jökulsá á Brú schlängelte sich durch das einsame Naturschutzgebiet.

Genau dort wurden ein riesiger Stausee und ein Wasserkraftwerk gebaut, man errichtete es ausschließlich für einen amerikanischen Aluminiumkonzern, damit dessen Aluminiumschmelze in den Ostfjorden mit günstigem Strom versorgt werden kann. Ósk war im September 2006 als eine der Letzten vor Ort, bevor die Fläche von 57 Quadratkilometern überflutet wurde. Unmittelbar nach ihrer letzten Tour riss man die Brücke, die Verbindung zum Wandergebiet Kárahnjúkar, ab. »Es war ein sonniger Herbsttag und die Moospflanzen blühten«, erzählt sie. »Die Erde glühte förmlich, es war seltsam still.« Viele Prominente und Künstler begleiteten die Isländerin damals auf einer ihrer Wanderungen. Sie übernachteten gemeinsam in Zelten, sangen morgens Volkslieder und liefen durch eine Landschaft, die es kurz darauf nicht mehr geben würde.

Brodelnde Untergründe

Eirún, eine der Künstlerinnen von der Icelandic Love Corporation, war ebenfalls mit dabei, sie beschrieb den Moment so: »Es fühlte sich an, als würde die Natur weinen.«

Andri Snær Magnasons Film ›Draumalandið‹ dokumentiert das gigantische Kárahnjúkar-Staudamm-Projekt. Selbst aus der Vogelperspektive ist der 193 Meter hohe Staudamm riesig. Die Argumentation der damaligen Industrieministerin: »Diese Region ist nichts, was man als besonders schön bezeichnen würde. Sicherlich, ein großes Naturgebiet wird überflutet, aber so schön ist es nicht. Auf jeden Fall nicht, wenn man es mit anderen Orten in Island vergleicht.« Damals wurde vielen Isländern zum ersten Mal richtig bewusst, dass ihre Natur endlich ist. Es gab etliche Protestaktionen und Konzerte, die Überflutung des Hochlandes konnte allerdings nicht verhindert werden. Bis heute wird darüber gestritten, ob die geschaffenen Arbeitsplätze die Zerstörung der Natur rechtfertigen.

Der Geologe Sigmundur und sein Kollege wurden von der Regierung beauftragt, ein Gutachten über den Wert der Torfajökull-Region zu erstellen. Kaum einer kennt sie, auch Sigmundur war vor seinem Auftrag noch nie dort und zeigte sich überrascht, was das Hochtemperaturgebiet alles zu bieten hat. Das Ergebnis ihrer Studie: Es ist besonders schützenswert. Heute kennen die Geologen jeden Winkel. Auch unweit der Springquelle dampft und raucht es. An den Geruch von verfaulten Eiern haben wir uns gewöhnt beziehungsweise ist er für Isländer ohnehin alltäglich, denn warmes Leitungswasser riecht ebenfalls schwefelig. Früher machten sich die Menschen diese Erdwärme direkt zunutze, um in heißen Quellen Eier zu kochen oder Löcher in die Erde zu graben, in denen dann Brot gebacken wurde.

An einer großen grauen Lehmquelle bleibt der Geologe Sigmundur stehen und warnt: »Diese Quelle ist viel zu heiß, hier

könnt ihr nicht baden.« Er erklärt, dass die blaugrauen, blubbernden Töpfe Quellenbakterien, also lebendige Wesen sind. Und dann passiert es. Als Mitwanderin Fanney hinter dem Geologen vorbeigehen will, versinkt sie bis zur Wade im 100 Grad heißen Matsch. Wanderstiefel und wasserfeste Hose fangen einiges ab, doch an einer Stelle verbrennt sie sich. Schnell bringen die anderen sie zum nahe gelegenen Gletscherfluss, kühlen die Wunde. Alles halb so wild, sagt Fanney und wandert kurz darauf weiter.
Die Natur zwingt dich, aktiv zu sein – auch bei Regen. Bei uns in Mitteleuropa könnte man sich vielerorts im Wald unterstellen, doch das ist hier nicht so einfach. In Island gibt es nur wenige Wälder, und die meisten Birken wachsen eher krumm und klein vor sich hin. Ein bekannter Witz fragt: »Was macht man, wenn man sich in einem isländischen Wald verläuft?« Antwort: »Einfach aufstehen.«

Bedrohungen mit Humor nehmen

An so etwas Verrücktes wie Bäume ist in dieser Gegend eh nicht zu denken. Das Einzige, was im Hochland wächst, sind kleine Bergpflänzchen und teilweise giftgrünes Moos. Mittags machen wir an einer windgeschützten Stelle Rast, essen die mitgebrachten Pfannkuchen, Brote und Nüsse. Ein kleiner Fluss plätschert den Berg herunter, einige füllen ihre Flaschen mit kristallklarem Wasser auf. (Das heimische Trinkwasser ist ihr ganzer Stolz, so wie für manche Deutsche das Vollkornbrot.) Die Natur der Vulkaninsel mag unwirtlich sein, aber immerhin gibt es in Island fast keine gefährlichen Tiere. Gut, man darf der Küstenseeschwalbe nicht zu nahe kommen, wenn sie gerade nistet, denn dann attackiert sie jeden laut kreischend, der sich ihrem Nest nähert, und pickt Vorbeigehende mit ihrem spitzen Schnabel in den Kopf. Ansonsten gibt es höchstens noch Eisbären. Eigentlich leben die gar nicht in Island, doch alle paar Jahre mal wird einer auf Eisschollen von Grönland angetrieben – und dann meist schnell erschossen, denn die im Schnitt zehn Zentner schweren Bären sind nicht leicht einzufangen.

Vilhjálmur, Ósks Vater, gibt eine Geschichte zum Besten, die seine Familie vor über dreißig Jahren erlebte. Ihre Kinder waren damals noch Teenager. Gemeinsam fuhren die vier nach Hornstrandir, einem abgelegenen Gebiet in den Westfjorden, um eine Woche zu wandern. Damals wie heute kommt man dort nur mit dem Boot hin und wird dann nach einer Woche wieder abgeholt. Für Notfälle gibt es eine kleine Hütte, sie ist jedoch viel zu klein als Nachtquartier. Also zelten die Wanderer.

Auf dem Boot waren noch ein paar andere Touristen, unter anderem ein etwa dreißigjähriger Australier. Sie plauderten, und irgendwer erzählte, dass vor kurzem ein Eisbär in Island gesichtet wurde. »Was machen wir, wenn der nach Hornstrandir kommt?«, fragte der Australier nervös. »Wirf ihm eine Orange hin, er braucht mit seinen Krallen eine Weile, bis er sie aufgeschält hat. In der Zwischenzeit läufst du weg«, scherzte Vilhjálmur. Über ihm hing ein Gewehr, das tatsächlich als Hilfe gedacht war, falls ihnen ein Eisbär zu nahe kommen würde. »Oder wir streuen ein paar Reißzwecken um uns herum«, sagte ein anderer.

Der Gast vom fernen Kontinent, der viele große und gefährliche Tiere beheimatet, war geschockt. Das sollen die einzigen Tipps sein? Verängstigt wartete er, in Hornstrandir angekommen, den ganzen Tag in der Nothütte, während die anderen unbesorgt durch die friedliche Landschaft wanderten. Abends

Tipps für einen Tag in der Natur

- Wenn du Eisbären begegnest, mache die Jacke zu. Offensichtlich bist du in einer kälteren Region unterwegs.
- Wenn du Blaubeeren begegnest, iss sie. Sie sind lecker und haben sehr viel Vitamin C.
- Solltest du rosa Bären sehen, waren das eben wohl doch keine Blaubeeren. Von nun an: Finger weg.
- Wenn du Braunbären siehst: Vorsicht, die Viecher sind echt gefährlich!
- Begegnet dir ein Autofahrer, biete an, ihn mitzunehmen.

bat der Australier die Isländer, per Notruf einen Helikopter zu holen. Mit einem Nervenzusammenbruch wurde er ins Krankenhaus gebracht, so viel Natur und Unsicherheit konnte er nicht ertragen. »Am Tag danach war der Seeweg durch Eisschollen gesperrt«, erinnert sich Vilhjálmurs Frau Borghildur. »Es wäre also durchaus möglich gewesen, dass uns das Boot nach einer Woche nicht hätte abholen können.« Doch alles ging gut, auch der Eisbär tauchte nicht auf. Der Australier wurde damals am selben Tag wieder aus dem Krankenhaus entlassen.

Da diesen Sommer noch kein Eisbär gesichtet wurde, können wir beruhigt weiterlaufen. Seit Fanney in den hundert Grad heißen Schlamm getreten ist, schauen wir alle genauer auf den Untergrund. Denn wie man an den zahlreichen Vulkanausbrüchen merkt, ist Island noch immer mitten im Entstehungsprozess (geologisch betrachtet ist die größte Vulkaninsel der Welt noch recht jung, 17 bis 20 Millionen Jahre alt). An diesem Morgen gab es wie so oft ein leichtes Erdbeben. Quer durchs Land, von Nordost bis Südwest, liegt eine aktive Riftzone, dort driften die beiden Kontinentalplatten auseinander – es ist das Zuhause der Vulkane, Erdspalten, Lavafelder und heißen Quellen. Der westliche Teil Islands gehört zur amerikanischen Kontinentalplatte, der östliche zur eurasischen. Ein gespaltenes Land, im wahrsten Sinne des Wortes. Und ein wandelbares. Vorhin liefen wir noch über die Rhyolithberge, nun stehen wir auf einer braunschwarzen Hochebene – sie ist gespickt mit glänzendem Obsidian, vulkanischem Gestein, das aussieht wie Glas – und blicken auf eine Weite mit grünen Bergmassiven, hinter denen sich weiße Gletscher auftürmen.
Nur wenige Kilometer weiter liegt Þórsmörk, der »Wald des Thors«, dort wachsen sogar Bäume. In einem grünen Tal warten am dritten Tag die beiden Busse auf die erholten Wanderer und

bringen sie wieder in die Zivilisation. Die erste Station ist eine Tankstelle. Der Hochlandjeep muss seine riesigen Reifen aufpumpen. Die Wanderer stärken sich mit klassisch isländischen Snacks: Hot Dogs und Eis.

Zum ersten Mal seit drei Tagen lesen wir in der Zeitung, was in der Welt passiert ist. Auf dem Titelblatt sieht man einen Jeep abgebildet, der fast in den Fluten versinkt. Zwei französische Touristen wären am Vortag beinahe gestorben, weil sie trotz aller Warnungen mit ihrem kleinen Jeep den Gletscherfluss Krossá bei Þórsmörk überqueren wollten. Sie schätzten die Tiefe und Kraft der Ströme falsch ein. Nur durch Glück, weil der Geländewagen an einem Stein hängen blieb und ein Isländer sein eigenes Leben riskierte, konnten die beiden Franzosen gerettet werden. Sonst wären sie vermutlich entweder im Jeep oder in den Fluten ertrunken. Der Isländer, ein gelernter Rettungshelfer, schnürte sich ein Seil um, das er an sein Auto befestigte, und ging zwei Mal in den Fluss, um die beiden Gestrandeten ans Ufer zu bringen. Nachdem er das geschafft hatte, kollabierte er und wurde ohnmächtig. Inzwischen waren jedoch die angeforderten Rettungskräfte da und konnten sich um alle kümmern.

Unfälle wie diese passieren auch Einheimischen, nicht immer ist es so dramatisch. Dass Fahrzeuge im Fluss stecken bleiben, kommt regelmäßig vor. Der dänisch-isländische Künstler Ólafur Elíasson schuf dazu eine eigenes Projekt: ›Bílar í ám‹, »Autos in Flüssen«, das kürzlich auch als Buch herausgegeben wurde. Darin sind 35 ausgewählte Fotos von Jeeps und sogar Hochlandbussen zu sehen, die in Gewässern stecken geblieben sind oder versinken. Die Privataufnahmen aus mehreren Jahrzehnten zeigen, wie die Fahrer versuchen, sich wieder zu befreien – mit Traktoren, anderen Wagen und manche mit purer Muskelkraft. Elíasson will mit seiner Arbeit den Kampf der Menschen mit der unberechenbaren Natur beschreiben, es ist zugleich eine ironische Anspielung auf die Finanzkrise.

Eigenverantwortung anstatt Zäune

Bei uns würden gefährliche Stellen eingezäunt, doch dann müsste man fast ganz Island einzäunen. Gerade mal vierzig Prozent des Landes sind bewohnbar, der Rest sind Gletscher, weite Hochebenen und karge Mondlandschaften. Letztere tragen ihren Namen nicht ohne Grund: Beim Vulkan Askja zum Beispiel absolvierten 1965 und 1967 die amerikanischen Astronauten des Apollo-Programms ein geologisches Training für ihre bevorstehende Reise zum Mond. Auch Neil Armstrong übte in der schwarzen Wüste das Sammeln von Steinen.

Wo es keine Sicherheitszäune gibt, ist Eigenverantwortung gefragt und die Hilfsbereitschaft größer. Läuft jemand zu Fuß durch die Einsamkeit, fährt ein Auto automatisch langsamer und schaut, ob derjenige vielleicht Hilfe braucht. Schließlich könnte es sein, dass die nächsten Stunden niemand mehr vor-

beikommt. Bauern auf abgelegenen Höfen sind es gewohnt, dass gelegentlich Fremde an ihre Tür klopfen oder der Polizist aus der Nachbarschaft mit gestrandeten Besuchern auftaucht und sagt: »Die schlafen heute Nacht bei euch.« Jeder hat eine Notmatratze oder stellt ohne zu murren seine Wohnzimmercouch zur Verfügung. Außer einem »takk fyrir«, also Danke, wird nichts erwartet. Heute helfe ich dir, morgen hilft mir ein anderer. Bricht auf dem Weg zum Flughafen der Mietwagen zusammen, kommt es schon mal vor, dass selbst ältere Damen freiwillig anhalten und eine ihnen fremde vierköpfige Familie ins dreißig Autominuten entfernte Keflavík bringen, damit diese ihren Flieger nicht verpasst.

Auch wenn es inzwischen zahlreiche düstere Island-Krimis gibt, im Alltag passieren auf der Insel nur wenige Verbrechen. Der Drogenkonsum steigt, am Wochenende prügeln sich Betrunkene, doch es gibt durchschnittlich nur einen Mord pro Jahr. Muss im Rahmen der Ermittlungen eine DNA-Probe analysiert wer-

den, schickt die Polizei sie nach Schweden, da die Isländer keine Gerätschaften dafür haben.

Touristen spüren schnell, dass der Umgang untereinander hier entspannter ist als zu Hause. Manche Wanderer lassen sich einen Teil ihres Gepäckes vorschicken, damit sie es nicht die ganze Zeit schleppen müssen. Es wird mit den öffentlichen Bussen transportiert und auf dem Land meist bei Tankstellen abgegeben. Sie sind in der Einsamkeit die zentralen Anlaufstellen, Busbahnhof, Treffpunkt der Jugend und Supermarkt zugleich. Dort gehen viele Menschen ein und aus. Ist kein Platz mehr im Lager der Tankstelle, stehen die Gepäckstücke der Reisenden schon mal tagelang offen und für jedermann sichtbar in einer Ecke des Ladens herum. Ein Touristenpaar, das diesen Service in Anspruch nahm, kam am Zielort mit dem Abholzettel an. Der Tankwart nickte nur und sagte: »Holt euch die Taschen einfach selbst.« Das war im Sommer 2002, also kurz nach den Anschlägen vom 11. September 2001, als in vielen Teilen der Welt jedes unbeaufsichtigte Gepäckstück gesprengt wurde. Zugegeben: Wer will schon einen Traveller-Rucksack klauen? Aber es ist auch symbolisch für ein Land, das keine eigene Armee hat und in dem bisher kein Bürger bei einem Terroranschlag gestorben ist. Island lehrt einen, den Menschen wieder mehr zu vertrauen. Hätte ich dieses Wissen schon bei meiner ersten Island-Reise gehabt, wäre mir ein großer Schrecken erspart geblieben. Ich war auf einer mehrtägigen Wanderung, konnte jedoch die letzte Etappe nicht mitlaufen, weil ich mich verletzt hatte. Also bot mir der Hüttenwart an, mich mit seinem Pick-up zur nächsten Station mitzunehmen, er müsse dort eh ein paar Besorgungen machen.

Lavastrand bei der Halbinsel Dyrhólaey

Er war ein freundlicher Mann Anfang zwanzig. Anstatt direkt zur Station, einer Tankstelle an der Ringstraße, zu fahren, machte der Isländer einige Umwege, zeigte mir einen versteckt liegenden Wasserfall und einen Canyon, später fuhr er durch eine karge Geröllwüste. Kilometerweit war niemand zu sehen, es war, als seien wir auf einem anderen Planeten. Plötzlich bremste der Isländer abrupt, stieg fluchend aus. Durch den Rückspiegel konnte ich sehen, wie er eine große Harke herausholte. »Oh, oh, will der mich damit erschlagen?«, schoss es mir durch den Kopf. Für einen Moment hatte ich wirklich Angst. Doch anstatt mich zu attackieren, ging er ein paar Meter weiter und harkte über die Steinwüste. Ein Jeep war außerhalb der Schotterpiste gefahren, der Hüttenwart wollte die Reifenspuren so schnell wie möglich beseitigen. »Damit der nächste Fahrer nicht denkt, dass hier ein offizieller Weg ist«, erklärte er. Die Natur sehe zwar robust aus, doch das Ökosystem sei sehr empfindlich. Ich atmete tief durch und war auch ein bisschen beschämt.

»Island ist fast nur Natur mit ein paar verstreuten Menschen«, sagt der Schriftsteller Jón Kalman Stéfansson. Und da diese Natur so einen starken Einfluss auf die Isländer hat, ist es verständlich, dass besonders in früheren Zeiten getroffene Verabredungen immer mit einem Zusatz versehen waren: »Ja, lass uns das machen … wenn das Wetter gut ist.« Obwohl beheizte Autos die Leute nun trocken zum Treffpunkt bringen könnten, behalten sie diese Mentalität bis heute bei. Natur formt den Charakter. Auf einer Wanderung wie dieser am Torfajökull lernt man, sich wieder auf den Moment einzulassen. Nicht zu viel zu planen. Und das ist auch im Alltag entspannend. Denn: Wer weiß schon, ob er in zwei Wochen um 13.45 Uhr Lust und Zeit für ein Treffen hat? Die Isländer sagen, je weniger du planst, desto spontaner kannst du leben. Es gibt ihnen ein Gefühl von Freiheit – so wie die endlosen Landschaften.

4 Beruf

Isländer sind unstet aus Tradition, es ist ein Erbe der Natur. Sie sind schnell gelangweilt.

Vigdís Finnbogadóttir,
ehemalige Präsidentin Islands

Wenn Kristinn G. Kristmundsson sagt, dass er auf Arbeit ist, muss man erst mal fragen, auf welcher. Denn der 57-Jährige führt eine Videothek, baut Särge und besitzt einen solarbetriebenen Cola-Automaten. In Island ist es üblich, mehrere Berufe in unterschiedlichen Branchen auszuüben – etliche tun dies auch gleichzeitig. Zum einen ist es notwendig, um den hohen Lebensstandard zu erhalten, zum anderen ist es für die Isländer aber auch eine Bereicherung, denn so können sie ihre verschiedenen Interessen ausleben.

Auch Kristinn, den alle nur Kiddi Vídjófluga nennen, würde auf keinen seiner Jobs verzichten wollen. Die Videothek ist täglich von 18 bis 22 Uhr geöffnet, sie liegt im hinteren Teil eines Einfamilienhauses in Egilsstaðir, einer Kleinstadt im Osten Islands. Es gehörte früher seinen Eltern, heute lebt er dort. Am Gartenzaun hat er ein großes Schild aufgestellt: »Vídeo Flugan« (Videofliege) steht dort in handgemalten Lettern. Der Seiteneingang führt die Besucher direkt zum Laden, ein Briefkastenschlitz dient als Rückgabestelle, falls Kiddi nicht da ist. Neben dem Eingang wuchern ein paar Sträucher, der Multijobber kommt gerade nicht dazu, sie zurechtzustutzen.

Seit 1979 betreibt Kiddi die Videothek, in der heute über 18 000 Videos und DVDs ordentlich aufgereiht stehen, die Ladeneinrichtung hat der gelernte Zimmermann selbst gebaut.

Sein Lieblingsfilm ist ›The Good, the Bad and the Ugly‹ aus dem Jahre 1976, aber eigentlich mag er alle Filme mit und von Clint Eastwood. Der amerikanische Schauspieler und Produzent ist für Kiddi ein »Íslandsvinur«, ein Island-Freund, so werden Ausländer genannt, die die Vulkaninsel bereits besucht und dort einen guten Eindruck hinterlassen haben. Eastwood drehte 2005 in Island einige Szenen seines Kinofilms ›Flags of Our Fathers‹. Kiddi kramt kurz in einem Regal und hält dann die DVD hoch. Der Film spielt im Zweiten Weltkrieg und handelt von der Schlacht um Iwo Jima zwischen Japan und den USA. Da Islands schwarze Lavastrände denen der japanischen Insel ähneln, wählte das Filmteam einen Küstenstreifen im Südwesten Islands als Drehort.
»Durch spezielle Kontakte habe ich immer als einer der Ersten im Lande die neuesten DVDs«, sagt Kiddi stolz. Der Isländer hat sich schick gemacht, trägt ein glänzendes rotes Hemd mit farblich abgestimmter Krawatte und darüber eine schwarze Trecking-Jacke. Er hat etwas Spitzbübisches, Jungenhaftes. Die meisten Gäste kommen im Sommer, da haben viele Ferien und mehr Zeit, sich Filme anzusehen. Rund einhundert sind es dann pro Woche. Insgesamt nehmen die Zahlen aber durch die Konkurrenz im Internet ab.

Kiddis zweites Standbein, das Bauen von Särgen, ist hingegen krisenfest. Eine befreundete Kundin der Videothek, die im Krankenhaus arbeitet, erzählte ihm, dass es einen Mangel an guten Särgen gäbe, und inspirierte ihn somit vor über 25 Jahren zu der Idee des Zweitjobs. Kurze Zeit später eröffnete er in einem alten Hanger, der seinem Vater gehörte, die Sarg-Werkstatt. Kiddi hat sich alles selbst beigebracht und sogar eine energiesparende Farbpumpe entwickelt, mit der er die Totenbetten lackiert. »Die Technik ist einzigartig auf der Welt«, da ist

sich der Tüftler sicher. Früher halfen ihm sein Vater und seine Mutter beim Herrichten der Särge. Doch seit die geliebten Eltern gestorben sind, macht er alles alleine, näht auch die Kissen und Decken.
In seiner Werkstatt liegen alte Quelle-Kataloge aus Deutschland. »Ich habe sie früher in der Videothek verkauft und mir daraus gerne Sachen bestellt. Werkzeuge und Kleidung zum Beispiel«, sagt Kiddi. Zuletzt blätterte er mal wieder im Katalog ›Heimwerken & Garten‹, der bis Ende Januar 2003 gültig war. »Eine Schande, dass Quelle pleitegegangen ist.« Noch immer stehen in seiner Nähecke Kartons des Versandhauses. In der Werkstatthalle trocknet gerade der Lack eines weißen Sargs.

Nachdem Kiddi im Vorraum die Meerschweinchen gefüttert hat, auf die er für verreiste Freunde aufpasst, fährt er zu seinem dritten Arbeitsplatz: dem Cola-Automaten. Er liegt rund 35 Kilometer außerhalb, auf halber Strecke zwischen Egilsstaðir und Borgarfjörður eystri. Das mintgrüne Häuschen ist inmitten der einsamen Landschaften leicht zu erkennen. »Coke sjálfsali«, Cola-Selbstverkauf, steht oberhalb des Eingangs. Die kleine Hütte schützt den Automaten vor Wind und Wetter, die dazugehörige Solaranlage versorgt das Gerät mit Strom. Für ein paar Hundert Kronen bekommt man außer Cola auch Bonbons, Lakritz-Schokolade, Chips, Limonade und Malzbier. Auf einem Klapptisch liegt ein Gästebuch.
Das ungewöhnliche Häuschen am Rande der Straße ist längst zu einer Touristenattraktion geworden, auch die Isländer machen hier regelmäßig Halt. Im Sommer muss Kiddi den Automaten alle zwei Tage auffüllen, manchmal sogar täglich. Da seinem Bruder das Land gehört, brauchte er keine Genehmigung, um den Cola-Automaten 2001 aufstellen zu dürfen. Schon früher war dort ein einfacher Rastplatz mit Holzbänken, allerdings

ohne weitere Attraktion – von den weiten Lavafeldern und der Ruhe mal abgesehen. An diesem sonnigen Nachmittag laufen lediglich ein paar Schwäne über die moosbewachsenen Lavafelder, in der Nähe ist ein kleiner Tümpel.
Wie kommt man auf die Idee, ausgerechnet dort einen Automaten aufzustellen? »Ich habe es geträumt«, erzählt Kiddi. Die Inspiration sei so stark gewesen, dass sie ihm keine Ruhe ließ. Sein Vater war kurz vorher gestorben. Kiddis Mutter glaubte, dass die Eingebung von oben komme, aus dem Himmel. Es war

nicht das einzige Mal, dass er ungewöhnliche Träume hatte. Einmal erschien ihm im Schlaf ein Mann, dessen Totenbett er gerade zimmerte. »Die Maße für den Sarg stimmen nicht«, sagte der Verstorbene zu ihm. Er sei viel zu klein. Am nächsten Morgen fragte Kiddi noch mal bei den Angehörigen nach, und tatsächlich hatten die sich bei ihren Angaben vertan. »Das war schon ein wenig unheimlich«, gesteht er.

Dass ihm seine drei Jobs mal zu viel werden könnten, glaubt der Isländer nicht. Im Gegenteil: Er ist ja auch noch DJ und Tänzer. Manchmal legt er in rosa glitzernden Kostümen Siebzigerjahre-Hits auf und wird davon selber so mitgerissen, dass er über das Parkett fegt. Seine Begeisterung fürs Tanzen kann man sich auch im Internet ansehen, eines der YouTube-Videos wurde schon über 45 000 Mal angeklickt.

Der alleinstehende Isländer ist glücklich, seine vielen Leidenschaften ausleben zu können. Doch ein Problem bringen die vielen Jobs dann doch mit sich: Er habe kaum Zeit für Urlaub. Zu seinem 54. Geburtstag flog er das erste Mal in seinem Leben ins Ausland – gemeinsam mit zwei Freunden nach Jamaika. Auch wenn sie dort seine Lieblingsmusik nicht spielten, war die Reise für ihn ein tolles Erlebnis. Manchmal setzt er nun eine Rastalocken-Perücke auf, wenn er vor seinem Publikum in der Disco tanzt.

Die Lust auf neue Dinge

»Nýjungagirni«, die Lust auf neue Dinge, zeichnet die Isländer aus. Veränderungen werden auf der Insel nicht als etwas Bedrohliches angesehen, sondern sind normal und meist er-

Kiddi und sein Cola-Automat

Initiativbewerbung auf isländische Art

- Beginne mit: »Entschuldige bitte vielmals, dass ich erst jetzt dazu komme, mich zu melden.«
- Hey, wir sind doch verwandt. Ich finde, der Job sollte in der Familie bleiben.
- Finde positive Formulierungen. Statt »Ich bin klein und schmächtig« lieber »Ich bin stark wie eine isländische Birke«.
- Vorher war ich schon Astronaut, Schäfer, Automatenaufsteller und Koch, da kommt mir diese Herausforderung sehr gelegen.
- Wenn du momentan keinen Job für mich hast, dann erfinden wir einfach einen.
- PS: Ich kenne den Präsidenten.

wünscht. Von einem Kollaps der gesamten Wirtschaft mal abgesehen.

»Gott sei Dank haben wir keine Raketenstation wie die NASA, wir würden andauernd neue Satelliten – Blupp! Blupp! – ins All schießen, weil wir so viele Ideen und Energie haben«, scherzte Vigdís Finnbogadóttir, die ehemalige isländische Präsidentin 2007 in einem Interview, das ein Kollege und ich für den ›Tagesspiegel‹ mit ihr führte.

Diese Energie hat Tradition. Schließlich wurde auch Amerika ums Jahr 1000 vom Norden Europas aus entdeckt. Fast 500 Jahre bevor Christoph Kolumbus mit seiner ›Santa Maria‹ los-

fuhr, landete der Isländer Leifur Eiríksson bereits an der Nordspitze Neufundlands. Das Island seiner Zeit war noch zu einem Viertel bewaldet, doch innerhalb weniger Jahrhunderte hatten die Siedler den Bestand verbraucht – für den Bau von Schiffen und als Brennholz. Um auf der abgelegenen Insel am Rande des Polarkreises überleben zu können, mussten die Isländer willensstark und kreativ sein. Also nutzten sie alles, was sie finden konnten: Dazu gehörte auch Treibholz. Manche Kiefernstämme sind sieben Jahre im Meer unterwegs, bis sie mit der Strömung die Ufer der Atlantikinsel erreichen, das Salzwasser konserviert die silbergrau schimmernden Hölzer. Früher waren sie Gold wert, heute nutzen die Isländer sie nur noch als Baumaterial für Zäune, und Künstler schnitzen aus den Stämmen Statuen, die sich manche in ihre Vorgärten stellen.
Über viele Jahrhunderte lebten die Menschen vom Fischfang und der Landwirtschaft. Hatte der Kabeljau gerade Saison, musste er so schnell wie möglich gefangen werden. Zum Ernten des Heus blieb im kalten Klima ebenfalls nicht viel Zeit. Die Menschen mussten ihren Rhythmus des Lebens von der Natur abhängig machen und dabei flexibel sein. Das ist bis heute so. Daher beschreibt Vigdís ihre Landsleute auch als »unstet aus

Tradition«. Die inzwischen über Achtzigjährige war wie die meisten Isländer in mehreren Berufen tätig, lebte also typisch ungewöhnlich. Vigdís ist Literaturwissenschaftlerin, arbeitete als Französischlehrerin, Reiseführerin, Direktorin des Stadttheaters Borgarleikhúsið und war schließlich ab 1980 Präsidentin Islands und damit weltweit das erste direkt vom Volk gewählte weibliche Staatsoberhaupt.

Vigdís gewann die erste Abstimmung zwar nur knapp, aber immerhin: In vielen anderen Ländern wäre es zu dieser Zeit undenkbar gewesen, eine Theaterdirektorin, geschieden und alleinerziehende Mutter einer adoptierten Tochter, überhaupt als Kandidatin ins Rennen zu schicken. Ihre zweite Wiederwahl gewann Vigdís trotz eines Gegenkandidaten mit über neunzig Prozent der Stimmen. 1996 trat sie nicht mehr an, bis heute ist sie in ihrer Heimat sehr populär und aktiv.

Zur Identität der Isländer gehört neben dem Mut, neue Wege zu gehen, auch eine gewisse Unruhe. »Am liebsten machen wir alles zur gleichen Zeit«, sagt Vigdís. »Wir sind ziemlich ungeduldig, müssen alles heute haben. Im Prinzip sind wir Jäger geblieben.« Und so jagen sie ständig neuen Herausforderungen hinterher. Eine Managerin betreibt im Sommer ein Hummer-Restaurant, ein Banker jobbt nebenbei als Hochlandbusfahrer, ein Opernsänger lässt sich zum Tourist-Guide ausbilden und eine Ingenieurin ist erfolgreiche Krimiautorin.

Isländer arbeiten europaweit die meisten Stunden, gehen später in den Ruhestand und werden statistisch gesehen älter als fast alle anderen Menschen. Selbst wer offiziell mit 67 in Rente geht, arbeitet meist noch bis siebzig weiter oder hilft Verwandten bei deren Projekten aus. Die Männer liegen mit einer Lebenserwartung von 79,4 Jahren in der Weltspitze, die Frauen werden durchschnittlich 82,9 Jahre. In Deutschland erreichen die Männer derzeit 73,2 Jahre, die Frauen ebenfalls 82,9.

Die Isländer arbeiten freilich nicht nur aus Spaß an der Freude. Ihre kinderreichen Familien und die Lust nach neuen Dingen wie Autos, Fernsehern, Designermöbeln und Reisen müssen sie sich hart erarbeiten. Bis zur Krise war es kein Problem, einen Job zu finden, es gab so gut wie keine Arbeitslosigkeit, und wer mehr Geld brauchte, arbeitete einfach mehr. Heute müssen sich viele einschränken, und meist haben sie dazu noch Kredite abzubezahlen. Doch wer seine Stelle verloren hat, nutzt die Zeit der Unsicherheit, um sich neue Perspektiven zu schaffen: Eine Architektin engagiert sich für ein nachhaltiges Tourismusprojekt, durch das sie später hoffentlich neue Aufträge bekommt, eine entlassene Bankerin studiert noch mal.

Stolz auf harte Arbeit

In Island wird das Leben seit jeher in zwei Jahreszeiten unterteilt: den dreimonatigen Sommer und den Rest des Jahres. Im Sommer, wenn es fast rund um die Uhr hell und einigermaßen warm ist, betreiben die Isländer Landwirtschaft und kümmern sich um das Heu für die Schafe. Da die Schüler in diesen drei Monaten früher ihre großen Ferien hatten, gingen die meisten Jugendlichen arbeiten. Einige wurden im Sommer auf die Höfe von Verwandten und Bekannten geschickt, wo sie entsprechend ihres Alters mehr oder weniger mithalfen.

Andere, wie Egill Helgason, verdienten sich ihr Taschengeld in der Fischfabrik. Der 51-jährige Journalist moderiert heute eine politische Talkshow und ein Literaturmagazin beim Fernsehkanal Sjónvarpið, der zur öffentlich-rechtlichen Rundfunkanstalt RÚV gehört. Er gilt als der wichtigste politische Kenner des Landes, oft loben ihn die Zuschauer für seine Sendungen. Als Teenager jobbte Egill auf den Westmännerinseln, es war körperlich

schwere Arbeit, manchmal schufteten sie 24 Stunden am Stück. »Wenn der Fisch kommt, muss er eben direkt zerlegt werden«, sagt Egill. Er mochte diesen Sommerjob. Vor einigen Jahren traf der Journalist durch Zufall seinen ehemaligen Vormann wieder. »Du warst ein harter Arbeiter«, erinnerte der sich. »Kein Lob war mir so wichtig wie dieses. Ich war wirklich stolz«, sagt Egill, ein kräftiger Mann mit roten Locken.
Obwohl er wöchentlich zwei Sendungen moderiert und produziert, führt er nebenbei seit über zehn Jahren noch einen Blog. Sogar im Urlaub füttert er das Internettagebuch täglich mit Inhalt. Die moderne Technik macht es leicht, sagt er, und so viel Aufwand sei das nicht.
Fast jeder Isländer hat, die Insellage macht es verständlich, einen starken Bezug zum Meer und zur Fischerei. Das Land ist nach wie vor vom Fischfang abhängig, dieser macht einen Großteil der Exportwirtschaft aus. Da die Fischgründe beson-

Oben: Der kleine Hafen von Flateyri, rechts: Dorfpanorama

ders ergiebig sind, konnten viele Gemeinden gut davon leben. Durch den Einsatz moderner Fangflotten kam es im 20. Jahrhundert jedoch mehrfach zu einer Überfischung der eigenen Gewässer. Also wollten die Inselbewohner ihre Schutzzonen erweitern. 1952 lag diese noch bei vier Seemeilen, seit 1975 ist die 200-Meilen-Zone anerkannt. Um das durchzusetzen, legten sich die sonst eher friedlichen Isländer sogar mit den Briten an, die der Erweiterung der Schutzzonen zunächst nicht zustimmen wollten. Die Kabeljaukriege wurden jedoch am Verhandlungstisch geklärt. Manche sagen scherzhaft, dass die Isländer diese »Kriege« nur gewannen, weil die Briten sich irgendwann zu Tode gelangweilt hatten.

Bloß nicht heimskur sein

Bis Mitte des 20. Jahrhunderts war Island ein armer Bauernstaat unter dänischer Herrschaft, trotzdem kann seit dem 18. Jahrhundert jeder Bewohner lesen. Somit hatten die Inselbewohner den Schlüssel zum Lernen und Studieren in der Hand. Da es in

ihrer Heimat nur wenige Studienmöglichkeiten gab – die erste Universität wurde 1911 in Reykjavík gegründet –, gingen viele Isländer für einige Jahre ins Ausland, bevorzugt nach Dänemark, Großbritannien, Frankreich und Deutschland. Wie schon ihre Vorfahren begaben sich die Isländer also oft auf Reisen, und so kommt es, dass das Wort »heimskur« gleich zwei Bedeutungen hat: »dumm« und »jemand, der zu Hause bleibt«. Wer niemals seine Heimat verlässt, erweitert seinen Horizont nicht. Inzwischen benutzt man das Wort allerdings nur noch im Sinne von »Dummheit«.

Jóhanna Kristjánsdóttirs Urgroßvater fuhr von den Westfjorden aus zum europäischen Festland. In Flensburg und Kopenhagen studierte er Seefahrt und Navigation. Später unterrichtete er die lokalen Fischer in der ersten Seemannsschule der Region. Die Gewässer im Nordatlantik sind gefährlich, trotzdem wagten sich die Männer, die meist nicht schwimmen konnten, täglich aufs Meer hinaus. Haie waren besonders profitabel, aus ihrem Lebertran wurde Öl hergestellt und nach Europa verkauft, es beleuchtete auch die Straßenlaternen Hamburgs.

Jóhannas Familie gehörte 1856 zu den ersten Siedlern in Flateyri, heute leben rund 300 Menschen im Fischerdorf an der Küste des Önundarfjörður, zeitweise waren es sogar 500. Ende des 19. Jahrhunderts befand sich in diesem Fjord eine der größten Walfangstationen des Nordatlantiks. Als sie eines Tages abbrannte, wurde in der Nähe eine Fischmehl-Fabrik gegründet. Doch auch diese ist inzwischen geschlossen.

Einer der ehemaligen Tanks wird heute als Tonstudio genutzt, Bands aus ganz Europa schwören auf die besondere Akustik des Steingebäudes. Die Mauern sind so dick, dass die Besitzer mit Dynamit Löcher in die Fassade sprengen mussten, um

Fenster einbauen zu können. Zeitweise wurde der Tank als Bootswerkstatt genutzt, doch nun hat Önundur (benannt nach dem Fjord, in dem er aufwuchs) den ungewöhnlichen Ort zu seinem Reich gemacht. Die Isländer sind es gewohnt, sich Jobs zu schaffen, wo es eigentlich keine gibt. Am liebsten arbeitet der 34-Jährige nachts im Studio »Tankurinn« (der Tank). Tagsüber ist er Musiklehrer im nahe gelegenen Ísafjörður, außerdem kümmert er sich ein Mal im Jahr um den Sound beim Aldrei-Musikfestival.

Der einzige große Arbeitgeber Flateyris ist die Fischfabrik Eyraroddi, sie liegt am Hafen. Steinbutt und Wels werden dort unter anderem verarbeitet, gefroren und nach Europa verschickt. Auch eine deutsche Firma bestellt Ware bei ihnen, dieser Kunde sei besonders genau, sagt die Vorarbeiterin in der eiskalten Halle. Alle Stücke müssen gleich aussehen, manchmal werden sie zurückgeschickt, wenn sie farblich einen winzigen Tick an-

ders sind oder nicht die exakt gleiche Größe haben. Mit einem Lineal prüft die Angestellte deshalb die Ware für diesen Kunden. In isländischen Geschäften wird der tiefgefrorene Fisch dagegen so verkauft, wie er ist. Rund vierzig Angestellte hat Eyraroddi, einige kommen aus Polen, Thailand und von den Philip-

pinen. Auch die siebzigjährige Jóhanna jobbte hier wie alle im Dorf als Teenager, heute arbeitet ihre Tochter als Buchhalterin in der Fabrik.

Obwohl in Island sonst eher Landflucht vorherrscht, kann sich Flateyri über neue Bewohner freuen. So gibt es zum Beispiel ein britisches Ehepaar, das sich, ganz der isländischen Lebensart entsprechend, selbst einen Job geschaffen hat. Die professionellen Tänzer bieten im Dorfschwimmbad Aqua-Aerobic-Kurse an. Während Nadia die Übungen macht, gibt ihr Mann Martin mit den Bongos den Takt an. Die Kurse sind stets gut besucht. Ein weiterer Neuzugang des verträumten Ortes in den Westfjorden ist Bjarni Þór Sigurbjörnsson. Der Mittdreißiger lebt eigentlich in Reykjavík, hat sich aber vor einem Jahr ein Haus in Flateyri gekauft. Es war alt und heruntergekommen und teilweise ist es das noch heute. Doch da Bjarni gelernter Zimmermann ist, baut er es nun Stück für Stück um.

Eigentlich ist er Künstler und wird in Reykjavík Bjarni Massi genannt, er war früher mal recht dick, daher massi. Hier in Flateyri gaben ihm die Dorfbewohner einen anderen Namen, er heißt nun Bjarni Skór, da in seinem Haus vorher ein Schumacher (skósmiður) lebte – für jeden Wohnort und Lebensstil einen eigenen Namen. In kurzer Zeit lernte er das ganze Dorf kennen; jeder ist bereit, ihm zu helfen, wo es geht. So beauftragten sie ihn, einige Sommerunterkünfte zu renovieren. Viel Geld können sie ihm nicht zahlen, aber es ist ein Anfang. Ein Freund von Bjarni sagte mal: »Nicht du suchst dir den Job aus, der Job sucht dich aus.«

Bjarni mit Pausensnack: Eiszapfen

Weniger nachdenken, einfach machen

Nicht alle haben ihre Berufe tatsächlich erlernt. Wenn auf dem Land kein Tierarzt oder Ingenieur zur Stelle ist, muss man sich eben etwas einfallen lassen. Manchmal endet es im Chaos, oft geht es aber auch gut. Isländer haben keine Schranken im Kopf – sie legen einfach los, nach dem Motto: Wenn ich es nicht tue, macht es niemand. Der Dichter und Farmer Stephan G. Stephansson (1853–1927) schrieb dazu einen Vierzeiler, in dem es sinngemäß heißt: Ich war im Leben mein eigener Arzt, Rechtsanwalt, Pfarrer, Schmied, König, Lehrer, Karre, Pflug und Pferd.

Ganz so viele Jobs hatte Stella Guðmundsdóttir zwar nicht, trotzdem erweitert die heute 69-Jährige immer noch ihr Spektrum. Früher arbeitete sie als Lehrerin und war Schuldirektorin, heute ist Stella Hotelchefin, Köchin, Gärtnerin und »Königin des Fjords«. In Heydalur kaufte sie sich vor zehn Jahren gemeinsam mit ihrem Sohn Gísli einen Fjord, den sie vorher nie gesehen hatten. Freunde empfahlen die einsam gelegene Meeresbucht in den Westfjorden, in der sonst niemand mehr lebte; und die Fotos sahen auch vielversprechend aus. Also kauften sie das Land. Die ehemalige Schaffarm ist heute ein Hotel mit dreißig Betten. Das warme Wasser aus der Erde nutzen Mutter und Sohn fürs eigene Schwimmbad, das sich im alten Gewächshaus befindet. So können die Hotelbesucher direkt neben Himbeersträuchern und Apfelbäumchen baden.

Vor dem Gewächshaus hat Gísli mit Hilfe von dicken Lavasteinen einen dreigeteilten Hot Pot errichtet. Was fehlte, war nur noch eine Verbindung zur natürlichen Quelle Galtarhryggslaug. Die stammt aus dem 12. Jahrhundert und liegt am anderen Ufer des angrenzenden Flusses. Eigentlich wollte Gísli eine kleine Brücke darüberbauen, doch zwei Architekten, die zu Besuch waren, schlugen ihm vor, aus großen Steinen einen Weg zu schaffen. Der Mittvierziger überlegte für einen Moment, setzte sich dann hinter das Steuer seines Baggers und karrte riesige Brocken an – innerhalb von zwei Stunden war der Pfad fertig. Der Fluss wird die Steine im nächsten Frühjahr wieder fortspülen, aber dann baut Gísli eben einen neuen Weg.

Hotelchefin Stella hat nur selten Zeit, sich in der alten Quelle zu entspannen, die, wenn man ihr glauben soll, magische Kräfte hat. Die zierliche Frau geht leicht gekrümmt, ist aber sehr flink. Und so huscht sie den ganzen Tag durchs Hotel und kocht für ihre Gäste aus dem Lachs, den ihr Sohn frisch gefangen hat, ein köstliches Abendessen. Wenn Gísli nicht gerade etwas baut, bietet er Wander- und Kajaktouren an, organisiert Vogelbeobachtungen, vermietet Autos und macht Nordlichter-Touren. Und als wäre das nicht schon genug, sagt Stella: »Jetzt müssen wir uns noch überlegen, was wir als Nächstes machen möchten.«

Familie und Beruf

Die viele Arbeit, sei es nun aus finanzieller Not oder aus Freude an den Berufungen, hat natürlich auch ihre Schattenseiten. Es bleibt immer weniger Zeit für die Familie und somit auch für die eigenen Kinder. Deshalb sagt die Künstlerin Sirra: »Island ist zwar ein familienorientiertes Land, aber nicht unbedingt ein familienfreundliches.« Vor der Krise gingen achtzig Prozent der Mütter Vollzeit arbeiten, jetzt sind es nicht wesentlich weniger. Viele Kinder verbringen also unter der Woche mehr als acht Stunden bei einer Tagesmutter oder im Kindergarten; das kostet. Da die Großeltern teilweise auch noch beruflich tätig sind, stehen die älteren Verwandten nicht ständig als Babysitter zur Verfügung.

Immerhin sind viele Arbeitgeber verständnisvoll. Wenn die Mitarbeiter im isländischen Außenministerium Überstunden machen müssen, können sie ihren Nachwuchs vom Kindergarten oder der Schule abholen und mit ins Ministerium nehmen. Dort dürfen die Kleinen dann am Computer spielen oder malen. Ähnlich flexibel sind manche Vorgesetzte heimischer Popstars. Haukur, Sänger der Rockband Dikta, ist beispielsweise Arzt im Reykjavíker Krankenhaus, seine Bandkollegen studieren noch und werden später als Lehrer und Pilot arbeiten. Da ihr Album wochenlang auf Platz eins der Charts stand, spielte die Gruppe öfter als sonst, manchmal auch im Ausland. Das Krankenhaus stellte den Dienstplan des Sängers um und machte die Auftritte möglich.

Wer keinen spannenden Beruf hat, kann sich zumindest im Telefonbuch einen kreativen Titel geben. Seit einiger Zeit ist es populär, im Online-Telefonbuch neben der Nummer und Adresse auch seinen Beruf zu nennen. Das hilft nicht nur beim Unterscheiden der vielen Halldórs und Annas, viele jüngere Isländer haben Spaß daran, sich absurde Jobtitel zu geben. So finden sich dort nun Astronauten, Zauberer und Ninja-Champions. Solange sie keinen Job angeben, dessen Berufsbezeichnung geschützt ist oder illegal, wie etwa Zuhälter, lässt die Telefongesellschaft sie gewähren. Ein Mann wollte sich mal als »brautryðjandi«, Pionier, eintragen lassen. Das Wort bedeutet auch »Wegklärer«. Da sich herausstellte, dass der Isländer wirklich am Flughafen die Wege klärt, darf er sich nun Berufspionier nennen.

5 Krisen

Die Wut und Sorge über eine Krise darf dich nicht beherrschen. Du musst dich über sie stellen und lustig machen.

Jón Gnarr, isländischer Komiker und Bürgermeister von Reykjavík

Wenn Isländer die Krise bekommen, springen sie ins Meer und gehen erst mal eine Runde schwimmen. Rund 200 Isländer versammeln sich mittags am Strand von Nauthólsvík, der in einer Bucht am Rande Reykjavíks liegt. Im September erreicht das Wasser hier gerade mal zehn Grad Celsius bei gleicher Außentemperatur.

Das Schwimmen im Nordatlantik ist eine beliebte Freizeitbeschäftigung geworden – und eine Mutprobe, denn sobald der Körper im Wasser untergetaucht ist, zieht sich alles zusammen. Die Kälte saugt einen auf, alles wird taub, man erstarrt und schnappt hektisch nach Luft. Es gibt nur noch einen Gedanken: atmen, irgendwie atmen! Nach den ersten Schocksekunden geht dies viel leichter, und die Lungen sind gefüllt mit frischer Meerluft. Es ist ein starker Adrenalinstoß, ein Kick.

»Wenn ich aus dem Meer komme, ist mein Kopf wieder frei. Dann ist mir alles egal: die Finanzkrise, der Stress«, sagt Karl, und sein Kumpel nickt. »Wer das übersteht, überlebt auch alles andere«, fügt Sigurður hinzu. Die beiden Isländer kommen seit 2008 zweimal in der Woche zum Strand, tanken hier Energie und Kraft. Je kälter, desto besser. Im Winter schwimmen sie manchmal zwischen Eisschollen. Wenn im Sommer bei Nauthólsvík verbrauchtes Heizwasser in die Bucht geleitet wird, um so den Isländern ein mediterranes Badegefühl bei zwanzig

Grad Wassertemperatur zu vermitteln, weichen die beiden Schwimmer lieber auf die unbeheizte Bucht nahe des Leuchtturms Grótta aus.

Sigurður hat die Krise hart getroffen, er verlor vor einigen Monaten seinen Job als Grafiker, und Karl weiß nicht, wie er den Kredit für sein Haus abbezahlen soll. Er hatte wie so viele einen Kredit in fremder Währung aufgenommen, weil die Isländische Krone damals so stark war. Als diese dann im Rahmen der Finanzkrise zeitweise um siebzig Prozent an Wert verlor, waren seine Schulden ins Unermessliche gestiegen.
»Die ersten drei Monate nach dem Crash war ich deprimiert – und dann von der Krise gelangweilt«, sagt Karl. »Áfram, áfram« (vorwärts, vorwärts), einfach immer weiter nach vorne schauen. Die beiden Männer werden schon bald eine Lösung finden, eine neue Arbeit oder mehrere Jobs annehmen. Das Bad im Atlantik versinnbildlicht ihren Willen, sich selbst von der schwers-

ten Krise nicht unterkriegen zu lassen. Seit Mitte des 20. Jahrhunderts ging es für die Isländer stetig bergauf. Der arme Fischer- und Bauernstaat wurde zu einem der wohlhabendsten Staaten der Welt. 2008 lag Island beim »Human Development Index« der Vereinten Nationen auf Platz eins, und laut »Happy Planet Index« waren die Isländer die glücklichsten Menschen Europas.

Doch dann kam der 6. Oktober 2008. Schon Monate davor fiel die Krone, aber kaum einer rechnete mit dem Kollaps des gesamten heimischen Bankwesens. »Wir alle werden uns wohl bis an unser Lebensende daran erinnern, wo wir an diesem Tag waren«, sagt Halldór Guðmundsson. »Ich saß mit meiner Familie vor dem Fernseher und hörte die Ansprache des damaligen Premierministers Geir H. Haarde: Als er sie mit ›Gott segne Island‹ beendete, war allen klar, dass die Regierung auch nicht weiterweiß.« Der 55-jährige Literaturwissenschaftler hat ein Jahr nach dem Finanzcrash das Buch ›Wir sind alle Isländer‹ veröffentlicht, in dem er Islands Umgang mit der Krise beschreibt.

Was war passiert? Alles fing mit der Privatisierung der Banken an, die die konservative Regierung Anfang des neuen Jahrtausends ermöglichte. Danach legten einige risikofreudige Isländer richtig los. Zwei ehemalige Bierbrauer zum Beispiel machten gute Geschäfte in Russland und kauften mit dem verdienten und geliehenen Geld eine der isländischen Banken, später besaßen sie noch eine Investmentbank, viele weitere Firmen und einen englischen Fußballclub. Andere kauften Häuser in Dänemark, spekulierten mit Unsummen von Geldern, flogen mit Privatjets durch die Gegend, ließen Elton John auf ihrer Geburtstagsparty singen und schafften so eine Elite, die es vorher nie

Eiskaltes Vergnügen in Nauthólsvík. Wer das Schwimmen im Meer übersteht, überlebt auch alles andere.

gab. In einem Land, in dem früher keine großen Hierarchien existierten, regierten plötzlich die Wirtschaftswikinger. Die internationalen Märkte wurden auf die ferne Insel aufmerksam, Kleinanleger aus vielen Ländern investierten und erhofften sich hohe Renditen.

Die Isländer selbst nahmen die Kredite, die ihnen sehr leicht gewährt wurden, gerne an. Die Banken verlangten kaum Sicherheiten. (Damals fragte man sich als Ausländer schon, wie das eigentlich funktionieren soll, beneidete sie ein wenig und war doch irritiert.) Wer das kritisierte, galt als Spielverderber. Ihr Optimismus und die Tatsache, dass alle anderen die Kredite auch annahmen, ließ die Isländer sorglos investieren. Manche hatten Kredite für den Jeep, das Haus, die schicke Designereinrichtung – so wie die Patchworkfamilie von Helga und der Atlantik-Schwimmer Karl. Tragen die Bürger also auch einen Anteil an der Krise? »Ich finde, das Thema Mitschuld ist überfrachtet«, sagt Buchautor Halldór. »Nicht alle konsumierten maßlos und sind trotzdem in die Schuldenfalle getappt.«

Besonders betroffen ist die Generation zwischen 25 und vierzig. Sie können die Kredite für ihre Eigentumswohnungen kaum begleichen. In Island gibt es so gut wie keinen Mietmarkt, und wenn, sind die Preise so hoch, dass es stets lohnt, Wohnungen oder Häuser zu kaufen. Ältere Isländer wie Borghildur und ihr Mann Vilhjálmur, die in ihrem schönen Reykjavíker Holzhaus leben, haben Glück, denn sie haben es bereits abbezahlt, doch auch sie spüren wie alle anderen, dass durch den Fall der Isländischen Krone die alltäglichen Dinge teurer geworden sind.

»Es ist doch nur Geld«, antwortete eine Freundin einmal auf meine Frage, wie sie sich mit ihren Schulden fühle. Außerdem sei sie es als Freischaffende gewohnt, mit wenig Geld auszukommen. »Für uns Künstler hat sich das Leben nicht so sehr geändert, wir hatten vorher schon nicht viel und heute eben auch

nicht.« Wenn der Handwerker kommt, bietet sie ihm eine signierte Arbeit als Bezahlung an. »Es ist gut, dass die unwirkliche Blase geplatzt ist, jetzt wissen wir zumindest wieder, was echt ist und was nicht«, sagt sie.
Natürlich nimmt nicht jeder die Krise so gelassen, manche werden depressiv, fühlen sich betrogen, da hilft auch kein þetta reddast mehr. Diese Mentalität ist gebrochen, es klappt eben doch nicht immer alles, sagen sie. Was sie ärgert, ist, dass sich auch zwei Jahre nach dem Crash scheinbar niemand wirklich verantwortlich fühlt. Rund 150 Politiker, Banker und Unternehmer wurden für den 2378 Seiten starken Bericht der Special Investigation Commission (SIC) befragt, der aufklären sollte, wie es zur Krise kam. Kein Einziger gab offen zu, mit schuld zu sein.

Bankgebäude und Gefängnisse als »lustige Orte«

Da die Verfahren gegen die Wirtschaftswikinger noch laufen, ist bisher niemand bestraft worden. Der Ärger darüber entlud sich teilweise in Form von Vandalismus, so beschmierten Unbekannte Jeeps oder Häuser der Exbosse mit roter Farbe. Jón Gnarr kann seine Landsleute verstehen, er hält jedoch nichts von solchen Aktionen. »Die Wut darf dich nicht beherrschen«, sagt er. »Man muss sich über sie stellen und lustig machen.« Ähnlich wie bei einer Krebstherapie, bei der ebenfalls bewiesen sei, dass Humor die Behandlung positiv beeinflusse. Jón Gnarr hofft, mit seiner Arbeit das Krisentrauma zu lindern: Er ist der erfolgreichste Komiker Islands.
Das erste Mal treffe ich ihn im September 2009, er ist 42 Jahre alt, ein Radio- und Fernsehstar. Auf die Frage, wo wir uns zum Interview treffen wollen, sagt er: »Ich kenne da einen sehr lustigen Ort.« Schon von Weitem sieht man die glänzende Fassade

des modernen Gebäudes. Wer das riesige Foyer betritt, schaut auf den rund zehn Meter hohen Wasserfall, der zwischen zwei Glasscheiben elegant nach unten fließt, an den Wänden hängen Arbeiten des Künstlers Ólafur Elíasson. Schick gekleidete Menschen sitzen auf schwarzen Ledersofas, plaudern miteinander und trinken entspannt ihren Milchkaffee.

Der Treffpunkt ist Zeichen von Jón Gnarrs schwarzem Humor, denn das Reykjavíker Gebäude ist die Zentrale der Kaupþing-Bank – jenem Kreditinstitut also, bei dem rund 34 000 Deutsche ihr Erspartes mit hohen Zinssätzen anlegten und deren Konten im Oktober 2008 eingefroren wurden. Die deutschen Kaupþing-Edge-Anleger bekamen später immerhin die Einlagen, wenn auch ohne Zinsen zurück, doch der isländische Staat war zu dem Zeitpunkt höher verschuldet als manches Entwicklungsland, und auch andere, zum Beispiel Briten und Niederländer, hatten Geld bei einer der drei großen Banken Islands angelegt, die zahlungsunfähig wurden.

Das Vertrauen in die Banken und Politik ist seither verloren, Jón Gnarr hilft ihnen mit Humor über die Krise hinweg, etwa in seiner wöchentlichen Radiosendung, in der er als Kim Jong Il einen Anwalt in Benin anrief, der ihm in einer Spam-Mail 25 Millionen Dollar versprach. Der Komiker sagte, dies würde gut passen, da Island dringend Geld brauche, und gab dem Anwalt die echten Bankdaten einer der politischen Parteien.
Auch in der TV-Comedy ›Fangavaktin‹, die Jón Gnarr mitgeschrieben hat und in der er eine der drei Hauptrollen spielt, thematisiert er das Finanzdrama. In einer Folge sitzt der naive Ólafur Ragnar (der Name ist eine Anspielung auf den Präsidenten Ólafur Ragnar Grímsson) beim Arbeitsamt und bittet um Unterstützung. »Sie sind also arbeitslos?«, fragt die Beamtin. Er schaut verdutzt: »Nein, nein, ich habe einen Job, aber die Firma zahlt mir nichts.« Denn Ólafur Ragnar heuert mitten in der Finanzkrise als Immobilienmakler an, wird jedoch nur bei Ver-

Zwei Mal Jón Gnarr: links in seiner Rolle als Georg vor dem Gefängnis Litla-Hraun, rechts in seinem Reykjavíker Bürgermeisterbüro

tragsabschluss honoriert. Jón Gnarr selbst verkörpert Georg Bjarnfreðarson, einen herrischen Kommunisten mit fünf Universitätsabschlüssen, der jede Chance nutzt, sich unbeliebt zu machen. An seiner Seite stehen unfreiwillig Ólafur Ragnar und der depressive Daníel.

›Fangavaktin‹ ist bereits die dritte Staffel der erfolgreichsten Comedyserie Islands, die dem Sender Stöð 2 Rekordquoten einbrachte. Die erste spielte in einer Tankstelle, die zweite in einem abgelegenen Landhotel. Da Georg dort im Affekt die fiese Hotelchefin mit einer Bratpfanne erschlägt und Daníel die Schuld zuschiebt, spielt ›Fangavaktin‹ (übersetzt: Gefängnisschicht) im Knast. Die Serie dreht sich nicht nur um die drei gescheiterten Existenzen, sie ist auch ein bitterböses Porträt der Gesellschaft.

»Bei uns passieren gerade so viele absurde Dinge, da könnte ich täglich eine Radiosendung oder viele TV-Folgen füllen«, sagt Jón Gnarr (der eigentlich Jón Gunnar Kristinsson heißt, doch da seine Mutter »Gunnar« sehr schnell aussprach, klang es wie Gnarr; inzwischen hat er seinen zweiten Vornamen offiziell ändern lassen, so flexibel ist die Namenskommission heutzutage).

Der Komiker sitzt lässig auf einem der schwarzen Ledersofas im Kaupþing-Foyer. Unweit davon sind große Holztüren, hinter denen sich ein pompöser Vortragssaal mit 300 Sitzplätzen verbirgt. »Das musst du dir ansehen«, sagt Jón Gnarr und geht einfach rein. Jeder einzelne Platz ist ein eleganter Ledersessel mit aufklappbarer Armlehne, in der Steckdosen für Computer eingelassen sind. Er läuft nach vorne auf die Bühne, am Rednerpult gestikuliert er in absurden Herrscherposen; dabei wird er von einer Überwachungskamera gefilmt. Keiner stoppt ihn, schließlich ist er Jón Gnarr.

Eigentlich wollte er gemeinsam mit Freunden eine neue Serie über die Bankenbranche schreiben, doch dann gründete er im

Winter 2009 zum Spaß eine Partei, »Besti Flokkurinn« (Die Beste Partei), und kandidierte bei den Reykjavíker Kommunalwahlen als Bürgermeister. Früher interessierte er sich nicht sonderlich für Politik, doch im Rahmen der Krise verfolgte er dann doch die Nachrichten. Ihm war damals langweilig, sagt er jetzt, Anfang Mai 2010, als ich ihn wiedertreffe. Er wollte zeigen, wie absurd Islands Politik im Großen und im Kleinen ist. Reykjavík hatte in vier Jahren vier Bürgermeister. Immer wieder waren innerparteiliche Streitereien der Grund für den Wechsel. Noch ist zu dieser Zeit Hanna Birna Kristjánsdóttir von der konservativen Unabhängigkeitspartei im Amt, die Menschen mögen sie und halten sie für eine gute Politikerin, aber Hanna Birna gehört der falschen Partei an – jener, die vor einigen Jahren die Privatisierungen ermöglichte, Klüngelwirtschaft betrieb und damit auch, nach Ansicht vieler Bürger, eine große Mitschuld an der Misere hat.

Anfangs dachten die Reykjavíker, Jón Gnarrs Kandidatur sei nur ein Scherz. Schließlich verspricht er, nur sich und seine Freunde zu bereichern, kostenlose Handtücher im Schwimmbad einzuführen, das Parlament bis 2020 von Drogen zu befreien und, ach ja, Reykjavík zu entschulden. Wie? Das werde man dann sehen! An diesem Freitag im Mai sind es noch knapp drei Wochen bis zur Wahl. In den Umfragen sieht es für den Satiriker und seine Partei gut aus, er könnte sogar die Mehrheit bekommen. Mittags schlendert der ungewöhnliche Kandidat über den Laugavegur, die Bummelmeile der Hauptstädter. Viele Passanten halten an, als sie den Komiker mit seinen rosafarbenen Luftballons sehen. Nur zu gern nennt Jón Gnarr ihnen noch mal die Punkte seiner Partei, manchmal gestikuliert er dabei wie damals am Rednerpult in der Kaupþing-Bank.

Wo immer er mit seinem Tross auftaucht, bleiben lächelnde Gesichter zurück. Auch wenn ihm nicht alle glauben, dass er es

ernst meint, wenn er sagt: »Wir wollen eine kulturelle Revolution schaffen, das faule System aufbrechen.«
Egill Helgason von der Sendeanstalt RÚV, Islands bekanntester Fernsehkommentator (der früher so hart in der Fischfabrik arbeitete), beobachtet ebenfalls, dass die Spaßpartei im Laufe des Wahlkampfes immer seriöser wird. »Jón Gnarrs Partei würde keinen schlechteren Job machen als die anderen«, sagt er. »Man sollte die Leute von Besti Flokkurinn nicht unterschätzen.« Viele sind Künstler, auf Listenplatz zwei ist Einar Örn Benediktsson, Sänger der Sugarcubes, mit denen Björk einst ihre Weltkarriere startete. Björks beste Freundin Jóga ist die Frau des Spitzenkandidaten.
Die etablierten Parteien scheinen im Wahlkampf machtlos gegen die Späße des Komikers zu sein. Die Links-Grüne Sóley Tómasdóttir fragt, was aus den Kindern werden solle, wenn Besti Flokkurinn regiere, und handelt sich nur giftige Kommentare ein. Andere Politiker sind recht kleinlaut, weil Besti Flokkurinn wunde Punkte trifft, etwa mit dem Versprechen, offen korrupt zu sein. »Da ich es nicht bin, kann ich das auch versprechen«, sagt Jón Gnarr. Bei seinem Gang über den Laugavegur stoppt der Komiker vor einem ausgestopften Eisbären: ein ideales Fotomotiv für die anwesende Presse, denn die Partei verspricht dem Zoo von Reykjavík ein Eisbärengehege. Man solle doch mal versuchen, die Bären, die alle paar Jahre von Grönland auf Eisschollen nach Island angetrieben kommen, zu fangen, und sie nicht immer erschießen. Die Tierschutzverbände und der Zoodirektor stimmen ihm zu. Und schließlich hat der Knut-Effekt ja auch in Berlin funktioniert.
In anderen Ländern und zu anderen Zeiten würde eine Spaßpartei wie diese vielleicht zwei Prozent der Wählerstimmen gewinnen, doch auf der krisengeschüttelten Vulkaninsel waren die Bürger bereit für einen Neuanfang.

Und so wurde Besti Flokkurinn dann auch am 29. Mai 2010 mit 34,7 Prozent der Stimmen die stärkste Kraft, die Unabhängigkeitspartei erreichte 33,6 Prozent, die Sozialdemokraten sanken auf 19,1 Prozent. »Ich war ein bisschen enttäuscht, dass wir nicht die absolute Mehrheit bekommen haben«, scherzte Jón Gnarr später.

Wie so oft steckt in seinen Antworten viel Ironie, aber auch ein Stück Wahrheit. Denn tatsächlich wäre ein Neuanfang ohne Koalitionspartner einfacher gewesen, andererseits sind er und seine Parteimitglieder Anfänger im Politzirkus. Im Juni 2010 bildete Besti Flokkurinn mit den Sozialdemokraten eine Koalition, die Zusammenarbeit klappt gut, denn so verschieden sind die Ansichten der beiden Partner gar nicht. Die Etablierten bringen die Erfahrung, die alternative Partei den Humor.

Nach einigen Monaten im Amt besuche ich Jón Gnarr an seinem neuen Arbeitsplatz. Viele Menschen wuseln um ihn herum, gleich hat er den nächsten Termin. Die Chance, dass ihm langweilig wird, ist heute minimal. Wer Reykjavík regiert, hat eine große Verantwortung, immerhin lebt der überwiegende Teil der isländischen Bevölkerung in der Hauptstadt, es gilt, etliche Probleme zu lösen: Viele Isländer sind verschuldet, die Arbeitslosigkeit stieg zwischenzeitlich von zwei auf fast acht Prozent. Ist es nicht beängstigend, jetzt all die Verantwortung zu haben? »Ja, ein bisschen schon«, gibt der Komiker zu. Doch er zieht das durch. Genau wie viele seiner Wahlversprechen, manche seien natürlich nur eine Provokation gewesen. Einen Eisbären möchte er schon gerne in den Zoo holen, dafür müsste allerdings erst ein Gehege gebaut werden, und dafür fehlt der Stadt momentan das Geld. »Aber wir haben ja auch versprochen, unsere Versprechen zu brechen.«

Jón Gnarr und seine Kollegen von Besti Flokkurinn wollen andere Politiker sein, sie nennen sich eine »anarcho-surrealistische«

Partei, früher waren viele von ihnen Punks. Heute sind sie Politiker und Punks! Dann zitiert er Muminpapa, die nilpferdartige Zeichentrickfigur, die mit seiner Familie im finnischen Mumintal lebt und etwa fünfzig Zentimeter misst: »Du musst nicht groß sein, um mutig zu sein.« Der Neu-Politiker führt mich durch sein Büro, befreundete Künstler haben ihm Arbeiten und Karikaturen geschenkt, die ihn motivieren sollen. Sein Schreibtisch ist fast leer, am liebsten sitzt der neue Bürgermeister im zweiten Zimmer, das eigentlich als Besprechungsraum gedacht ist. Um einen Glastisch sind drei Ledersessel und eine Couch gruppiert, sein Laptop liegt auf einer Armlehne. Hier könne er gut nachdenken, sagt er. Von seinem Fenster aus blickt er direkt auf den Tjörnin, den beliebten See mit seinen vielen Wasservögeln. Zum Büro gehört auch ein großes Badezimmer samt Dusche. »Sie funktioniert aber nicht«, sagt er und stellt sich direkt darunter und dreht den Regler auf: »Siehst du, kein Wasser!« Ihm ist es egal, er braucht so etwas nicht, alles Elitäre ist ihm fremd.

Man merkt dem inzwischen 44-Jährigen an, dass er ein bisschen müde ist. Der Komiker beschrieb sich selbst mal als »selt-

Problembewältigung in drei Schritten

- Lies keine Zeitung und schaue nicht fern. Die meisten Probleme gibt es dann gar nicht mehr.
- Sollten sie trotzdem noch da sein, erkläre sie für langweilig.
- Und sind sie dann immer noch da, nimm ein Bad im zwei Grad kalten Wasser. Dann hast du mit Sicherheit ganz andere Probleme.

sam, aber auf eine liebenswerte Art«. Das trifft es, er will etwas Gutes schaffen und ist doch manchmal überfragt mit all den Dingen, die er als Bürgermeister tun und entscheiden soll. Das gibt er in den Sitzungen gelegentlich offen zu. Anfangs schmunzelten die Reykjavíker darüber, mittlerweile greift die Opposition ihn hart an, auch einige Bürger wurden zeitweise ungeduldig. Besti Flokkurinn lässt sich nicht beirren, die Neulinge holen sich zu den jeweiligen Fachthemen Experten aus der Stadtverwaltung und der Universität, denen sie vertrauen. Am Ende treffen sie dann gemeinsam mit den Sozialdemokraten eine Entscheidung. Jón Gnarr muss in vielen Meetings und in Ausschüssen sitzen, Sparpakete schnüren, Menschen entlassen und Steuern erhöhen. Das kostet viel Kraft. Zwei Mal in der Woche treffen sich die Abgeordneten und er in der Mittagspause zum Karate – es stärkt und verbindet. Sogar einige aus der Opposition sind dabei, nur Hanna Birna, seine Vorgängerin, nicht.
Beim Vorstellen des ersten Haushaltsentwurfes sprach Jón Gnarr darüber, dass er mit seiner Partei etwas Neues bieten will, das lustig, schön und frei von Wut und Bitterkeit ist. Und er betonte, wie wichtig Vergebung für eine Genesung sei. Damit bezog er sich auf die Politiker, die Island und Reykjavík einst in die Krise führten. »Sie haben viele Fehler gemacht, wir müssen daraus lernen, damit sie sich nicht wiederholen.« Doch sobald wir das akzeptiert haben, sollten wir über die Fehler auch lachen können, ergänzt der Punk-Bürgermeister.
Mehr Spaß, das versprach er auch im Wahlkampf und dafür sorgt der Komiker und Schauspieler meist bei seinen öffentlichen Auftritten selbst: So eröffnete er die Gay Parade als Drag Queen verkleidet, und er führte den »Guten Tag«-Tag ein. Damit möchte Jón Gnarr die Reykjavíker animieren, fröhlicher in den Tag zu starten. Um zu zeigen, wie das geht, stellt er ein Video ins Internet, in dem er auf unterschiedliche Art »Guten

Tag« sagt. Und sollten sie es vergessen haben, kleben auf einigen Ampeln in der Innenstadt nun Smileys.

Die positiven Seiten der Krise

Jón Gnarrs Botschaft ist, das Leben nicht zu ernst zu nehmen. Auch seine Mitbürger machen sich über die Krise lustig. Im Stadtführer ›Top Ten Reykjavík and Iceland‹ wird zum Beispiel die Top-Ten-Liste der »halbfertigen Gebäude und anderen Ikonen der Krise« aufgelistet, dazu zählen unter anderem der Präsident und die riesige Konferenz- und Konzerthalle am Hafen. Außerdem gibt es seit dem 6. Oktober 2008, an dem nicht nur die drei Banken zusammenbrachen, sondern auch das damit verbundene Weltbild, das Label »2007«.

Alles, was vorher noch cool war wie glänzende, teure Range Rover, ist nun Gegenstand des Spottes. Sehen die Isländer jemanden in einem protzigen Geländewagen, sagen sie nur noch abfällig »Ach, der ist ja voll 2007.« Auf einer Satire-Website steht diese fiktive Anzeige: »Zu verkaufen! Goldener Range Rover, einen Monat alt, 200 Meter gefahren. Jetzt zu haben – im Austausch gegen Essen!« (Einige Isländer bekamen kurz nach dem Crash tatsächlich Anrufe von Freunden und Verwandten aus Übersee, die ihnen anboten, Lebensmittel zu schicken.) Bis heute werden mit Autos Haltungen wiedergegeben: In Downtown Reykjavík parkt oft ein alter Pick-up, an dessen Heck der handgemalte Schriftzug »Kreppan«, übersetzt »die Krise«, zu lesen ist. Und ein Porschefahrer besorgte sich das Autokennzeichen »2007«.

Für manche hat die Krise auch etwas Positives. Denn die Isländer besinnen sich wieder stärker auf die Familie. 33-Jährige ziehen kurzfristig bei ihren Eltern ein, weil sie sich die eigene Wohnung nicht mehr leisten können, andere finden auf der Couch des Bruders einen Platz zum Schlafen. Die Isländer verzichten in der ersten Zeit nach dem Crash zwar nicht auf den Besuch in Cafés und Bars, aber sie laden ihre Freunde öfter zu sich nach Hause ein. Manche bauen Gemüse in kleinen Gewächshäusern an, die internationalen Medien berichten viel von den Strickclubs, in denen sich vor allem Frauen treffen, um Pullis, Socken und Handschuhe zu stricken. Das niedliche Island. Und so klischeehaft es klingen mag, es ist tatsächlich so, dass die Isländer in Krisenzeiten zusammenrücken. Sie gehen gemeinsam ins Theater, ins Schwimmbad, Eltern verbringen mehr Zeit mit ihren Kindern – nicht nur die, die arbeitslos geworden sind. Befragungen haben sogar ergeben, dass Kinder seit der Krise glück-

Ein Auto hat die Krise

licher sind als zuvor. Die Ereignisse machten viele Isländer nachdenklich und erinnerten sie an die wesentlichen Werte. »Wir sind trotz der Krise immer noch ein reiches Land«, sagt Halldór, der Autor von ›Wir sind alle Isländer‹, »denn wir haben eine gute Bildung, unsere Kultur und die Familie.« 2009 verzeichnete die Geburtenrate einen Rekord.

Im selben Jahr gründete Guðjón Már Guðjónsson das »Ministerium der Ideen«, bei dem jeder seine Geschäftsideen vortragen kann und sie mit der Hilfe anderer gemeinsam entwickelt. Der 39-Jährige hatte schon mit 17 seine erste Softwarefirma, war zwischendurch auch mal pleite, ist Mitbegründer und Geschäftsführer einer Telekommunikationsfirma und nutzt seine Erfahrung nun, um auch anderen ein Forum zu bieten. Das Ministerium befindet sich im Hugmyndahús, dem »Haus der

Oben: »Haus der Ideen« oder Hugmyndahús; rechts: Andri Snær beim »Treffen der Nation« am vorderen Tisch (zweiter von links)

Ideen«. In einem alten Fabrikgebäude, wo bis zum Finanzcrash teure Designer-Möbel verkauft wurden, haben jetzt junge Designer, Start-ups und Künstler ihre Büros. Das Hugmyndahús liegt nahe des Hafens und wird von der Universität Reykjavík und der Isländischen Kunstakademie finanziert. Anfangs konnten die Jungunternehmer die Arbeitsfläche umsonst nutzen, nun kostet sie vierzig Euro pro Monat.

Einmal über alles reden

In den Räumen des Hugmyndahús wurde auch ein vielleicht weltweit einzigartiges Experiment geplant, das an einem Wochenende im November 2009 stattfand: das Þjóðfundur, ein

»Treffen der Nation«. Dazu waren 1200 zufällig aus dem Nationalregister ausgewählte Isländer eingeladen, die einen Querschnitt der Bevölkerung bilden – die jüngste Teilnehmerin war 17, der älteste 88. Außerdem noch 300 Mitglieder von Arbeiterbewegungen, Umweltgruppen und anderen Interessenverbänden. Immerhin 1231 Teilnehmer erschienen tatsächlich am frühen Morgen in der Reykjavíker Sporthalle Laugardalshöllin.
Ihre Aufgabe an diesem Tag: einmal über alles reden! Das Volk will sich selbst überlegen, wie es wieder aus der Krise herauskommt, will Ziele für den Neuanfang definieren und eine Zukunftsvision entwerfen. Die Ergebnisse sollen allen gehören. Der geschäftstüchtige Guðjón Már hatte sich das gemeinsam mit Bürgerinitiativen ausgedacht, Popsängerin Björk warb ebenso für das Treffen wie die Umweltministerin.
Unter den Teilnehmern sind an dem Tag auch fünf Minister. Als der links-grüne Finanzminister Steingrímur J. Sigfússon die Halle betritt, klopft ihm eine Organisatorin auf die Schulter und sagt: »Heute musst du nichts kontrollieren, heute kannst du ganz auf dein Herz hören!« Er lächelt kurz und geht dann an den ihm zugewiesenen Tisch. Natürlich ohne Leibwächter, so etwas gibt es nicht in einem Staat wie Island. Viele Isländer schätzen Steingrímur.
Es werden keine langen Reden auf der Bühne gehalten, sondern nur die Gespräche an den 150 Tischen. Bis zu neunt sitzen sie dort jeweils und diskutieren zunächst über die großen Werte für das kleine Island. Damit alle gleichberechtigt zu Wort kommen, leitet jeweils eine weitere Person die Diskussion. (Im Hugmyndahús hatten sie das sogar vorher extra geprobt.) Über jedem Tisch baumelt an einem langen Band ein weißer Luftballon mit der Tischnummer, das Kordelende ist um einen Lavastein gewickelt. Drum herum breiten die Teilnehmer Zettel aus, auf denen sie ihre Ideen festhalten. »Familie« und »Nachhaltig-

keit« liest man bei Tisch A41, an dem der Autor und Umweltaktivist Andri Snær Magnason seine Vorschläge einbringt. Zur Gruppe gehören auch ein Arbeiter aus einer Aluminiumfabrik und ein Farmer. Eigentlich sollten die Teilnehmer nicht sagen, was sie beruflich machen, um Vorurteile zu vermeiden. Die meisten reden dann doch über ihre Arbeit, sofern sie ihren Job noch haben.
Am Ende des Vormittags werden alle Vorschläge von den Tischen eingesammelt und ausgewertet. Die wichtigsten Werte projizieren die Veranstalter auf Leinwände: Heiðarleiki – Ehrlichkeit, sieht man dort an erster Stelle. »Vor der Finanzkrise hätte das sicherlich nicht ganz oben gestanden«, sagt Andri Snær. Danach folgen die Werte Gleichheit, Respekt und Gerechtigkeit. In den kurzen Pausen schlendern die Teilnehmer und freiwilligen Helfer durch die Reihen, viele kennen sich, sind miteinander verwandt. Eine kleine Gesellschaft wie Island hat Vorteile, denn die Vernetzung ist stärker. »Doch das kann auch zu einem korrupten System führen, in dem Verwandte oder Freunde bevorzugt werden«, warnt Andri Snær.

So war es bei den großen isländischen Banken, die pleitegingen. Der Staat hatte sie nicht retten können: Ihre Schulden betrugen das Zehnfache des Staatshaushaltes. »Wir müssen die Risiken einer kleinen Gesellschaft vermeiden und sie in Vorteile umwandeln«, sagt der Finanzminister Steingrímur. »Jeder Einzelne ist wichtig.« Nach ein paar Snacks und dem Auftritt eines Frauenchors, der etliche im Saal zu Tränen rührt, diskutieren die Teilnehmer am Nachmittag über neun Themen, die als wichtig definiert wurden. Dazu zählen Gleichheit und die Wirtschaft. »Wir überlegen, wie man neue Jobs schaffen kann«, sagt Eva Sigurbjörnsdóttir. Die 59-Jährige ist extra aus Djúpavík angereist, einem winzigen Ort in den entlegenen Westfjorden: »Ich habe mich gefreut wie ein Kind an Weihnachten, dass ich ausgewählt wurde.« Wer keine Einladung bekam, konnte das Þjóðfundur von zu Hause aus live im Internet verfolgen. Eva schätzt den Kampfgeist in ihrer Gruppe, Grundsätzliches anzupacken. Zugleich hofft sie darauf, ein recht konkretes Problem lösen zu können: In diesem Winter soll die einzige Straße zu ihrem Dorf nicht mehr geräumt werden, wenn sie zugeschneit ist, weil es an Geld fehlt.

Die Nationalversammlung bringt wenig mehr als hehre Absichten hervor, und doch sind viele der Teilnehmer und 300 freiwilligen Helfer begeistert. Sie haben Mut geschöpft. Beim Schlürfen der heißen Kjötsúpa, Fleischsuppe, am frühen Abend beschließen einige, sich wieder zu treffen, um in kleiner Runde weiterzudiskutieren. »Die Nation gibt nicht auf, das spürt man«, sagt der Finanzminister. »Ich bin jetzt optimistischer, als ich es noch am Morgen war.« Am nächsten Tag lästerten einige Medien über das Event: 1500 Menschen treffen sich und das Ergebnis ist Ehrlichkeit. Wie überraschend!, hieß es zuweilen, doch die Initiatoren störten Kommentare wie diese kaum.

Nach dem ersten Þjóðfundur organisierten auch andere Institutionen kleinere Versammlungen an runden Tischen, die Kreativen Islands diskutierten zum Beispiel im Museum Hafnarhús über die Zukunft der Kunst. »Unsere Vision ist, dass es jedes Jahr ein Þjóðfundur gibt«, sagte Mitinitiator Guðjón Már damals. Und tatsächlich wagte man sich an ein ähnlich großes Projekt. 2010 ging es um die Erneuerung der isländischen Verfassung. Wieder konnten ausgewählte Bürger an runden Tischen ihre Meinung kundtun. »Es stärkt den Zusammenhalt, wenn jeder gleichberechtigt wahrgenommen wird«, sagt einer der Teilnehmer.

Eine Grassroot-Initiative, die auf den gleichen Werten wie das Nationentreffen beruht, ist die »Toppstöðin«, die Top-Station. In einem ehemaligen Reykjavíker Kraftwerk arbeitet eine Gruppe von Architekten, Designern und Handwerkern zusammen. Das Grundstück gehört dem staatlichen Energiekonzern Landsvirkjun, über zwanzig Jahre stand das Wasserkraftwerk am lachsreichen Elliðaá-Fluss leer. In den ehemaligen Büros haben sie sich nun kleine Werkstätten eingerichtet, die riesige Halle des alten Kraftwerkes und die alten Maschinen könnten glatt als Museum dienen. Die Betreiber überlegen auch, ein Café zu eröffnen, schließlich ist das Elliðaá-Tal ein beliebtes Ausflugsziel der Hauptstädter. Landsvirkjun übernimmt die Stromkosten, insofern ist bei diesem Projekt noch keine einzige Krone geflossen. Alles geht über das Netzwerk und das persönliche Engagement.

Werbebroschüren neben Pressemitteilungen

Die Beteiligung der Bürger war auch Anfang März 2010 in einem Referendum gefragt. Noch immer streitet sich Island zu dieser Zeit mit Großbritannien und den Niederlanden über die Rückzahlungsmodalitäten der Schulden von den sogenannten Icesave-Konten. Sie belaufen sich auf eine Summe von 3,8 Milliarden Euro und sollen nun vom Staat erstattet werden. Die Regierung stimmte dem zu, doch der Präsident legte sein Veto ein. So kam es zum Referendum. Da es ohnehin schon längst einen verbesserten Vorschlag gab, über den aber nicht abgestimmt wurde, und die Premierministerin wie viele andere ankündigte, sich nicht an der Wahl zu beteiligen, war das Ergebnis recht klar: 93 Prozent der Bürger stimmten gegen das Icesave-Abkommen.

Dass sie langfristig zahlen müssen, ist den Isländern klar, obwohl es etliche auch nicht einsehen, dass sie für die Fehler der Wirtschaftswikinger geradestehen sollen, die ihre Banken von innen aushöhlten und sich selbst Kredite in gigantischer Höhe gewährten. Die Summe macht etwa zwei Drittel des jährlichen Staatshaushaltes aus, jeder Isländer müsste so rund 12 000 Euro zurückzahlen.

In den Tagen rund um das Referendum kamen viele internationale Journalisten ins provisorische Pressezentrum im Reykjavíker Theater Iðnó. Es liegt direkt am Tjörnin neben dem Rathaus, in dem zu diesem Zeitpunkt noch kein Komiker regierte. Die Pressestelle des Außenministeriums half am Tag der Abstimmung beim Übersetzen der Live-Fernsehübertragung, organisierte Interviews mit den Ministern und legte auf einem breiten Tisch stets die aktuellen Pressemitteilungen aus.

Erfinderisch, wie die Isländer sind, nutzten sie die Anwesenheit der internationalen Presse für PR in eigener Sache. Neben allgemeinen Broschüren der Stadt Reykjavík und großen Kunstbildbänden lagen noch zwanzig andere Zettel aus: Clubs boten freien Eintritt zu ihren Partys an, eine oppositionelle Politikerin lud zum Umtrunk ein, und die Blaue Lagune, ein Thermalbad mit milchigem Wasser, legte neben einer Broschüre Proben ihrer Beauty-Produkte bei. Ein Isländer bot sich in einem Anschreiben sogar als Fahrer an. »Ich möchte ihnen gerne auf die eine oder andere Weise helfen«, schrieb Guðmann. Dazu gehörte eine Wohnung samt Fernseher, ein 24-Stunden-Fahrservice, »einige lokale isländische Finanzhorrorgeschichten« und »Eiswürfel aus Gletscherwasser in deinem Whisky«.

Und der isländische Finanzminister, der den angereisten Journalisten am Tag nach der Ablehnung des Referendums für Fragen zur Verfügung stand, sagte irgendwann: »Wenn ihr ganz viele Touristen nach Island lockt, können wir auch schneller unsere Schulden bezahlen.« Steingrímur ahnte da noch nicht, dass es innerhalb von wenigen Wochen gleich zwei Vulkanausbrüche geben würde.

Sind Naturkatastrophen überhaupt Krisen?

Der erste Ausbruch am 20. März bei der Hochebene Fimmvörðuháls, nahe des Eyjafjallajökull, war für die Isländer alles andere als eine Krise, vielmehr war der »Touristenvulkan«, wie sie ihn nannten, ein willkommenes Abenteuer und Geschäft. Die Bewohner der Höfe an den wenigen Zugangsstraßen verkauften Süßigkeiten, Reiseunternehmen boten Jeep-Touren zum Vulkan an, die Helikopter kreisten über der Ausbruchsstelle. Und da die Eruptionen einen neuen Hügel erschaffen hatten, machten sich die Medien daran, einen Namensfindungswettbewerb für den neuen Berg auszurufen.

Plötzlich sprach niemand mehr über das Referendum und die noch ungeklärten Rückzahlungen an die Niederländer und Briten. Einige scherzten schon, ob da jemand immer einen großen Startknopf am Vulkan drücke, wenn die Zeitungen wieder voll mit Enthüllungsgeschichten sind. Denn genau zwei Tage, nachdem der Abschlussbericht der Untersuchungskommission veröffentlicht wurde, am 14. April 2010, brach der Eyjafjallajökull nach über 180 Jahren das erste Mal wieder aus. Und anstatt über das Ergebnis des SIC-Berichts zu reden, den eine unabhängige Kommission im Auftrag der Regierung erstellte und in dem festgestellt wurde, dass alle versagt hatten – Banker, Politiker und die Medien –, bestimmten der Krater von 2000 Metern Länge und die Aschewolke die Nachrichten.

In Reykjavík selbst kamen einem die Fernsehberichte über die Naturkatastrophe so vor, als würde all das in Peru passieren. Die ganze Woche trübte kein Wölkchen den Himmel. Es wurde zwar mehrmals angekündigt, dass sich der Wind gen Westen – also in Richtung Hauptstadt – drehen könnte, doch die Wolke sollte noch wochenlang auf sich warten lassen. Am sechsten Tag nach dem Ausbruch hatte ich die Möglichkeit, mit einer

Frau vom Roten Kreuz in das Gebiet zu fahren. Als ich kurz vorher in einem der Gesundheitszentren vorbeikam, um die Schutzmasken zu besorgen, die dort bereitliegen sollten, sagte die freundliche Rezeptionistin: »Wir haben die Masken noch nicht bekommen, weil die Wolke ja noch nicht zu sehen ist.« Als sie hörte, dass ich zum Vulkan fahren wollte, kramte sie im Lager und fand in einer Kiste einige Exemplare. Isländer regeln vieles in letzter Minute, und meist klappt auch alles, schließlich sind die Wege hier kürzer. Trotzdem spiegelt diese Gelassenheit ihre Haltung wider: Das ist für uns kein großer Ausbruch; da gab es schon viel spektakulärere. Katla 1918 zum Beispiel, und viele erinnern sich an die Ausbrüche von Hekla, der genau wie der Eyjafjallajökull im Süden des Landes liegt. Katla und Hekla sind übrigens beides beliebte Mädchennamen – trotzdem oder gerade deswegen.

Eine Stunde dauert es mit dem Auto, bis in der Ferne die riesige Aschewolke zu sehen ist, die sich seit einer Woche in den Himmel schraubt. 106 Kilometer von der Hauptstadt entfernt, in Hvolsvöllur, befindet sich das Hauptquartier der Slysavarnafélagið Landsbjörg, der freiwilligen Rettungsmannschaft Islands. Seit dem 14. April sind die Helfer ununterbrochen im Einsatz. Da es in Island ja keine Armee gibt, kümmern sich die ehrenamtlichen Rettungshelfer um die Menschen in der betroffenen Region. Dafür werden sie von ihrem regulären Job freigestellt. Einer von rund 250 Helfern ist Þór Friðriksson, seit fünf Tagen schuftet der 23-Jährige nun im Dauereinsatz, nur selten findet er auf einem der Sofas Schlaf. Þór lebt eigentlich in einer Kleinstadt bei Reykjavík.

Sein Team wurde unter anderem deshalb zu Hilfe gerufen, weil es über ein spezielles Gefährt verfügt, das selbst Steinhagel und den schlimmsten Sturm übersteht. Zwei Wagen dieser Art gibt es auf ganz Island. »Es ist ein alter Räumpanzer aus Berlin«, erzählt er und führt den Panzer stolz vor, der nun zum isländischen Rettungswagen umgebaut wurde. Innen pappt noch das deutsche Schild »Rauchen verboten«, und man erkennt die Stelle, an der einst der Wasserwerfer steckte. »Der Wagen ist fast wie ein eigener Bunker«, sagt Þór. »Er wiegt zwanzig Tonnen, den haut so schnell nichts um.«

Zeitweise mussten 700 Anwohner aus den weit verstreut liegenden Höfen rund um den Vulkan evakuiert werden. Die größte Gefahr bestand neben der Aschewolke vor allem in den Fluten, die für einige Tage auch die Ringstraße unterbrachen und die Vulkanhänge herunterstürzten. In der ersten Nacht liefen manche Bauern die Berge hoch, um sich in Sicherheit zu bringen. Das Zentrum des Roten Kreuzes ist weiterhin geöffnet, die meisten Bewohner in der Nähe des Vulkans bleiben trotz der schlechten Bedingungen zu Hause. Sie sorgen sich um ihre Tiere – viele sind Landwirte, die Schafe, Pferde oder Kühe halten. Eine Bäuerin zeigt ihre Schafherde, die in einem Stall unterge-

bracht ist. Der feine Staub ist durch alle Ritzen gedrungen, und so sind die Schafe grau anstatt weiß. Die Bäuerin klopft ihnen aufs Fell und löst eine mächtige Staubwolke aus. Selbst ein gerade frisch geborenes Lamm schaut schon verstaubt in die Gegend. Für die Schafe gibt es immerhin noch Ställe, doch die zahlreichen Islandpferde leben das ganze Jahr über im Freien, die meisten halbwild. Wo sollen sie untergebracht werden? Wie kann man verhindern, dass sie das durch Fluoride verseuchte Gras futtern?

Die Isländer verhalten sich trotzdem ruhig und versuchen tapfer, das Beste aus ihrer Lage zu machen – sie sind müde, aber nicht hoffnungslos. Irgendwie wird es schon weitergehen. In den nächsten Tagen kommen dann auch viele weitere freiwillige Helfer. Immer wieder reinigen sie die Häuser vom Staub, der einfach überall ist. Alle haben damit zu kämpfen, am Morgen noch bedeckt eine drei Zentimeter dicke Ascheschicht den Panzer, mittags glänzt er im Sonnenlicht.

Zwei Stunden wartete ich auf eine Mitfahrgelegenheit in Richtung Aschewolke, irgendwer kommt sicherlich, sagte die Frau vom Roten Kreuz, die selbst die Stellung halten musste. Langsam wurde ich ein wenig nervös, ob ich es wirklich noch schaffen würde, doch dann tauchte plötzlich Andri Snær Magnason mit einem Freund, dem Fotografen Christopher Lund, auf. Man trifft Bekannte wirklich an den ungewöhnlichsten Orten! Spontan nehmen mich die beiden mit.

»Denkt an eure Masken«, sagen die Helfer, bevor wir uns auf den Weg zum Vulkan machen. In Hvolsvöllur selbst ist die Luft noch angenehm, der Eyjafjallajökull treibt die Wolke weiter ins Land. Die unterbrochene Straße wurde inzwischen repariert, dennoch hat man sie bis Montagabend für den allgemeinen

Typisches Aschewolken-Outfit

Verkehr gesperrt, nur Anwohner und Journalisten dürfen an der Patrouille vorbei.
Wir passieren die Kontrolle und fahren direkt auf die Wand zu, die an diesem Tag dunkelgrau und nicht mehr schwarz erscheint. Sie ähnelt eher einem kräftigen Nebel, nur dass die Luft sehr stickig ist. Autor und Umweltaktivist Andri Snær zeigt sich an diesem Tag zu Witzen aufgelegt. Vorhin rief ihn eine schwedische Journalistin an und fragte, was denn gerade in Island los sei. »Die Rache für die globale Erwärmung«, sagt er ihr. Warum er heute hier ist? »Wir wollen die Asche einatmen«, scherzt er. Christopher steuert mit seinem Jeep weiter zielstrebig die Straße entlang. In der Nähe müssten die Berge sein. Wir fahren in eine Schleierwand, zwischendurch scheint ein wenig Licht durch, kurz darauf wird es wieder verschluckt. Der Staub setzt sich überall ab, in den Haaren, auf der Haut – alles ist von einem feinen Aschefilm bedeckt. Kameras und Handys müssen in Plastik eingepackt werden, damit sie nicht kaputtgehen. Alle husten ständig, die Pappmasken bieten nur wenig Schutz, die Profis haben richtige Gasmasken dabei.
Wir steigen aus, machen Fotos. Sobald man durch das trockene Gras läuft, wirbelt es große Staubwolken auf. »Ist es nicht Wahnsinn, dass dies alles vor kurzem tief unter der Erde war?«, sagt Andri Snær. Die Augen brennen, es fühlt sich an, als würden winzig kleine Glassplitter wie Schmirgelpapier auf der Netzhaut reiben. Entzündungen in den Augen sind neben den giftigen Fluoriden die größte Gefahr bei der Fahrt durch die Region. Nach einer Stunde Ascheschlucken kehren wir zurück und versuchen, das Grau aus Haaren, Kleidern und Poren zu waschen. Im Hauptquartier der Slysavarnafélagið Landsbjörg findet der Geophysiker Einar Kjartansson, dass die Lage gar

nicht mehr so schlimm sei. Die Wolke werde kleiner und bewege sich in geringerer Höhe. Erstmals ist auch die rote Lava zu erkennen. Einar glaubt nicht, dass der benachbarte Vulkan Katla, vor dem sich jetzt viele fürchten und dessen Wucht um ein Vielfaches mächtiger sein könnte, bald ausbricht. »Ich mache mir wegen Katla keine Sorgen, andere Vulkane sind da eruptiver«, sagt der Experte vom Icelandic Meteorological Institute. »Hekla zum Beispiel.«

Island hat viele Vulkane, dreißig von ihnen sind aktiv. Kurz darauf wird es unruhig. »Es gibt Meldungen, dass Hekla ausbricht«, ruft ein britischer Journalist. Ólöf Baldursdóttir, die Sprecherin der Rettungshelfer, runzelt die Stirn, dann läuft sie kurz hinaus und kommt nach wenigen Minuten wieder. Sie hat sich den nahe gelegenen Vulkan angesehen und zur Sicherheit im Internet beim Wetterinstitut nachgeschaut. »Das ist doch Quatsch«, ruft sie in die Runde. Die anwesenden Reporter beruhigen sich wieder. Dann diskutieren einige Fotografen über ihre schlechte Bezahlung in der fernen Heimat. Von weit her gekommen, sind sie an diesem Tag die einzigen Vulkanopfer Islands.

Der Eyjafjallajökull wirbelte über die Wochen viel Staub auf – im Ausland mehr als in Island selbst. Manche fragen, ob die Isländer nicht ein schlechtes Gewissen hätten, isländische Zeitungen bekommen böse Briefe aus Großbritannien. »Erst wollt ihr unser Geld nicht zurückzahlen und jetzt bringt ihr auch noch die Asche zu uns«, heißt es in einem Beschwerdebrief. Der isländische Präsident selbst sorgt nicht gerade für Entspannung, als er in einem BBC-Interview meint, der Eyjafjallajökull sei nur eine »kleine Übung« gewesen, man solle erst mal warten, bis Katla losgeht. Dieser Vulkan habe viel gefährlichere Konsequenzen. Seine Landsleute sind fassungslos, manche unterstellen dem eigenwilligen Präsidenten, dass er sich mal wieder aufspielen wolle, denn Ólafur Ragnar steht gerne im Rampenlicht. Er selbst kommentierte die Kritik an seinen Äußerungen damit, dass der Abschlussbericht zur Finanzkrise doch zur Genüge gezeigt habe, dass man potenzielle Bedrohung offen diskutieren müsse.
Die Folge seiner Äußerungen war, dass kurz nach seinem Interview noch mehr Touristen ihre Reise nach Island absagten und die Isländer versuchten, sie mit einer teuren Werbekampagne zurückzulocken. Viele eingeladene Reporter kamen, interessierten sich aber mehr für den ungewöhnlichen Bürgermeister, den Reykjavík nun hatte. Seitdem erklärt dieser fast jede Woche Journalisten aus der ganzen Welt, wie er mit Spaß das Rathaus eroberte. Die Asche selbst machten sich die Bewohner natürlich auch zunutze: Sie füllten sie in Gläser und verkauften sie an Touristen, es gab eine Sonderedition von Briefmarken, in die Aschepartikel eingearbeitet waren, außerdem kreierten Designer aus dem Staub ein Parfum. Die Isländer haben eben seit jeher gelernt, alles zu verwenden. Immerhin ist bei dem Ausbruch kein Mensch ums Leben gekommen, sagen sie, und die diesjährige Ernte war ertragreicher als die Jahre davor.

6 Schönheit

Lass alles los. Trage das, was für dich kreativ ist und dir Spaß macht. Was andere Leute darüber denken, ist absolut egal.

Mundi, Modedesigner

So mutig und kreativ, wie die Isländer ihren Alltag meistern, kleiden sie sich auch. Elegante High Heels, Strumpfhosen mit Leopardenmuster, extravagante Strickkleider oder ausladender Haarschmuck gehören so selbstverständlich zum Stadtbild von Reykjavík wie die Berge und das Meer. Auch Hundert-Kilo-Damen tragen selbstbewusst Miniröcke. Warum auch nicht? Sie zeigen, was sie haben. Schließlich weiß sowieso jeder, wie man aussieht. Die Isländer gehen regelmäßig schwimmen und relaxen in den heißen Pötten.
In Badesachen lässt sich bekanntlich wenig verbergen. Und das, was für die Allgemeinheit noch bedeckt ist, sehen zumindest die gleichgeschlechtlichen Genossen unter der Dusche. In Island ist es Pflicht, sich vor dem Baden komplett nackt zu waschen. Eine sehr hygienische Angelegenheit, für manche Ausländer allerdings anfangs eine Überwindung.
Die Isländer stellen sich gelassen den nackten Tatsachen: Klar, die eine mag ihre dicken Oberarme nicht so gerne, der andere hätte lieber einen flachen Bauch, doch das ist für sie noch lange kein Grund, gehemmt durchs Schwimmbad zu laufen.
Während bei uns Einzelkabinen gefragt sind, gibt es in zahlreichen isländischen Schwimmbädern gar keine. Und wenn doch, bleiben sie meist ungenutzt oder werden lediglich von Touristen aufgesucht. Die Isländerinnen selbst plaudern derweil in

den Sammelkabinen mit Bekannten, cremen sich ausgiebig ein. Etliche, auch die mit der nicht so perfekten Modelfigur, fönen und schminken sich nach dem Baden nackt. Anziehen kann man sich später. Und so sieht jeder alles – die Tattoos, Piercings, Bindegewebsschwächen, überschüssige Pfunde und Falten der älteren Damen.

Dress to impress

Der Körper muss nicht perfekt sein, dafür aber das Outfit. Isländerinnen geben sich viel Mühe, individuell auszusehen. Und sei es nur durch eine silberne Netzstrumpfhose oder eine glitzernde Papageitaucher-Brosche. Sie lieben es, ihre Kleidung neu zu kombinieren, sind verspielt und couragiert. So werden gestreifte Oberteile mit karierten Hosen angezogen, rosa Teile mit orangefarbenen gemischt, jedem, wie es ihm gefällt. Die Lust nach neuen Dingen zeigt sich auch beim Styling.
Während die allseits bekannten, teuren und günstigen Modeketten im Reykjavíker Einkaufscenter Kringlan vertreten sind, zeigen die meisten einheimischen Designer ihre Kollektionen in 101 Reykjavík, jenem zentralen Viertel, wo sich die Straße Laugavegur befindet. Übersetzt bedeutet der Name übrigens »Weg der heißen Quellen«. Früher gingen die Frauen über diese Straße zum Þvottalaugar, einer natürlichen heißen Quelle, in der sie ihre Wäsche reinigten. Heute ist in der Nähe ein Schwimmbad, und der alte Weg dorthin ein Hot Spot des Nachtlebens und die Shoppingmeile Islands. Da der Bürgersteig geothermisch beheizt wird, friert er selbst im Winter nie zu.

Fassade von Naked Ape und Forynja

Isländer haben ohnehin ein anderes Kälteempfinden als wir Mitteleuropäer. Selbst bei Minusgraden laufen erstaunlich viele mit geöffneten Jacken und tiefen Dekolletés durch die Innenstadt, manche tragen bei acht Grad Celsius Flipflops oder Ballerinas ohne Socken. Die Logik: Wo die Durchschnittstemperaturen sogar im Sommer unter zwanzig Grad liegen, sind acht Grad gar nicht mal so schlecht. (Die Isländer zelebrieren schon Mitte April den ersten offiziellen Sommertag, dafür gibt es sogar einen eigenen Feiertag.)
Außerdem parken viele ihr Auto ganz in Zielnähe, da braucht man keine dicke Jacke. Die Autos sind ihre Jacken. Auf dem Laugavegur und den angrenzenden Straßen finden sich rund vierzig Boutiquen, die meisten werden von den Designern direkt betrieben. Steinunn zum Beispiel war früher Head-Desi-

gnerin bei Calvin Klein und Gucci, ihre edlen Kostüme zeichnen sich durch einen individuellen Schnitt aus; nur wenige Häuser weiter ist Mundis Label. Der 24-Jährige schaffte es mit seinen poppigen Wolloutfits schon in die britische ›Vogue‹, seine erste Kollektion, »Too cool for gravity«, kreierte er mit 19 Jahren. Für Modedesigner wie ihn sind Isländerinnen dankbare Kunden, denn sie wollen sich stets neu erfinden und sind offen für stilvoll verrückte Kleidung. Es gebe nicht den einen isländischen Style, sagt Mundi und beschreibt den Dresscode seiner Landsleute als lebendig, lustig und aufregend.

Nur unweit von Mundis Label ist die Boutique Forynja und Naked Ape, in der eine Gruppe von Designern zusammenarbeitet und ihre Mode verkauft. Wie so viele Geschäfte in 101 Reykjavík ist Naked Ape mehrfach umgezogen. Vor drei Jahren lag der Laden fünf Häuser weiter, dann zwischenzeitlich in einer Seitenstraße und nun in der Bankastræti, die direkt in den Laugavegur übergeht. Jeder Winkel der Boutique hat einen eigenen Stil: Der Fußboden ist schwarz-gelb-weiß gestreift, die eine Wand türkisfarben, die andere ziert eine dunkelrote Tapete mit Vögeln und Blumen, im hinteren Bereich setzt eine goldgelbe Barockwand den Kontrast zu den farbenfrohen Kleidern und Röcken. Der Laden ist bunt und ein wenig schrill, genau wie die Kollektion: Zu der gehören hellblaue Seidenkleider mit knallorangenen Ornamenten, Shirts in neonfarbenem Graffiti-Muster und sogar unifarbene Oberteile, die dann aber durch lange Schnüre am Kragen wieder etwas Einzigartiges bekommen. Ähnlich fantasievoll wie die Schnitte und Farben sind auch die Namen der Kleidungsstücke: Sie heißen »Alarm«, »Gefängniszeit« oder »Großmutters Traum«.

Auch mit Megafon den Chic bewahren

»Am beliebtesten sind momentan die bunten Leggins«, sagt Thelma Björk Jónsdóttir. Einige Exemplare sind pink-lila-mint-grün-schwarz gemischt, andere mit grellen, großflächigen Ornamenten versehen. »Die Leggins werden handgedruckt, jedes

Exemplar ist ein Einzelstück.« Also genau das, wonach die modebewusste Isländerin sucht. Die knallengen Hosen werden häufig mit bauschig geschnittenen Kleidern oder Pullovern kombiniert, dazu tragen sie High Heels. Nicht selten sind die Absätze so hoch, dass die Isländerinnen kaum darauf laufen können und daher nur langsam durch die Straßen stöckeln. Das rettende Ufer (ein Café oder das Auto) liegt aber meist in unmittelbarer Nähe.

Im Vergleich zum Sortiment der Boutique ist das Outfit von Verkäuferin Thelma eher schlicht. Sie trägt ein schwarzes Kleid, dazu eine türkisfarbene Strumpfhose und braune Lederstiefel. Ihre Individualität drückt sie vor allem durch ihren Kopfschmuck aus: ein Haarreif, auf den mehrere mit Perlen besetzte silberne Blumen zu einem Gesamtkunstwerk gestickt wurden. Elegant und anmutig sieht die blonde Isländerin damit aus. Thelma ist Absolventin der Kunstakademie, sie hat den Haarschmuck selbst entworfen und in Handarbeit angefertigt. Inspiriert wurde sie durch ihre Großmutter, die bis heute tatkräftig mitstickt und häkelt. Auf einem Regal liegen einige ihrer handgearbeiteten Kreationen. »Wir wollen unseren Kundinnen dadurch eine verführerische Sinnlichkeit und eine auffällige Individualität verleihen«, sagt die Designerin. Der Haarschmuck werde zu einem Teil der Persönlichkeit.

Die Kleider aus den Designerläden in 101 Reykjavík werden hauptsächlich hier im Szeneviertel getragen. Allgemein kann man sagen, dass der Mut zu ungewöhnlichen Outfits vor allem von den Frauen ausgelebt wird, die Männer scheinen nach Meinung von Jungdesigner Mundi zu glauben, dass es cool ist, Fashion und gute Kleidung zu ignorieren. Es passe nicht zu ihrem Alphamännchen-Gehabe.

Ein Kleidungsstück, das alle Isländer eint und von jedem schon getragen wurde, ist der Lopapeysa. Der Islandpulli aus dicker

Wie du dich stilvoll verrückt kleiden kannst

- Kombiniere mal zwei Kleidungsstücke oder Accessoires, die dir gefallen, aber nach deinem bisherigen Modestil überhaupt nicht zusammenpassen.
- Höre beschwingte Musik, wenn du die Kleidung auswählst, dann bist du mutiger.
- Lass dich von kleinen Kindern beraten, die durch die Modeindustrie noch nicht versaut wurden.
- Stricke dir einen Lopapeysa.
- Mache zum Spaß ein Fotoshooting, am besten direkt mit dem neu kreierten Styling, dann erkennst du noch mal, wie besonders du bist.
- Schönheit ist auch eine Frage der Haltung. Mit einem geraden Rücken und selbstbewussten Gang wirkst du völlig anders.
- Mach ein Rollenspiel: Du bist der Star, dann benimm und kleide dich auch dementsprechend.
- Wenn dir diese Rolle mit einer anderen Identität leichter fällt, gib dir zum Spaß einen Künstlernamen, zum Beispiel, indem du dich wie ein/e Isländer/in nennst.
- Finde dein persönliches Markenzeichen: Sei es nun ein Lippenstift, ein Schnauzbart oder beides.

Schafswolle hat traditionell ein Zackenmuster am Kragen. Mugison zieht ihn an, wenn es ihm auf dem Aldrei-Festival zu kalt wird, man hat den Pulli bei Wandertouren dabei, und seit einigen Jahren sind Lopis auch wieder modern. Die Marke Farmers

Schönstricken

Auf den Websites unten findest du verschiedene Anleitungen, wie du dir deinen eigenen Lopapeysa, liebevoll Lopi genannt, stricken kannst. Neben klassischen Zackenmustern werden dort auch Rosen-Designs und moderne Schnitte mit Reißverschluss vorgestellt. Die wohl aktivste Strickerin Islands ist Ragnheiður Eiríksdóttir, sie betreibt die Internetseite »Knitting Iceland« und den Blog »Raggaknits«. Also, ran an Nadel und Garn! Du weißt gar nicht, wie man strickt? Dann könnte Ragnheiðurs DVD »Knitt your own Lopapeysa« helfen; oder reise direkt auf die Insel, ihre Firma bietet auch Strickreisen an. Und wenn du schon mal da bist, kannst du einfach ältere Damen ansprechen oder ins Wollgeschäft gehen, die geben dir garantiert noch ein paar Geheimtipps.

www.knittingiceland.is
www.raggaknits.com
www.istex.is
www.handknit.is

PS: Sollten alle Stricke reißen, bestelle dir im Internet einen fertigen.

Market designt neue Arten, sie sind nicht ganz so dick, aber durch die Schafwolle trotzdem noch wärmend. Für eine Marketing-Kampagne ließen sich bekannte Schauspieler und Künstler

Am Fuße dieser Kirche in Vík liegt eines der bedeutendsten Strickzentren Islands

in rustikaler Kulisse mit deftiger Brotzeit oder in der Natur mit diesem Pulli fotografieren (ohne Honorar, es war ein Freundschaftsdienst). Dadurch wurde die Marke innerhalb kurzer Zeit sehr populär, etliche Isländer tragen Wollprodukte von Farmers Market auf der Straße.

Wem dann der Touch des Individuellen fehlt, der nimmt selbst die Stricknadel in die Hand oder bittet die Mutter oder Großmutter, einen solchen Pulli zu fertigen. Auch in den Touristenläden bekommt man meist Einzelstücke, am Kragen bzw. auf dem Preisschild steht oft der Name der Strickerin.

Abgesehen von den Lopis tragen die Männer meist Jeans, Lederstiefel und einfarbige Shirts oder Hemden. Wer es ein wenig flippiger mag, beweist sein Modeinteresse durch individuelle Anzüge, Hüte oder Brillen; Jüngere sieht man in Kapuzenpullis mit Graffiti-Mustern und farbenfrohen Sneakern. Stylingfreudiger als beim Outfit sind die Männer bei ihren Frisuren. Jón Gnarr zum Beispiel, der rothaarige Bürgermeister von Reykjavík, legte sich kurz nach Amtsantritt einen Punkschnitt zu.

Außerdem sieht man im März auffallend viele Männer mit Schnauzer. An sich sind Oberlippenbärte in Island eher unüblich,

doch dann ist »Mottu Mars« (»Schnauzer März«). Die isländische Krebsgesellschaft ruft die Herren der Schöpfung dazu auf, sich einen Schnurrbart wachsen zu lassen, um so auf die Bedeutung der Krebsvorsorge bei Männern hinzuweisen. Gleichzeitig wird Geld für die Erforschung der Krankheit gesammelt.

Es ist erstaunlich, wie viele mitmachen, gefühlt trägt dann jeder dritte Mann einen Oberlippenbart. Polizisten, Wissenschaftler, Verkäufer und Politiker wie Finanzminister Steingrímur J. Sigfússon, alle beteiligen sich an der Kampagne. Während des Mottu Mars können sich die Bartträger auf einer Website der Krebsgesellschaft registrieren lassen, Gewinner der Wahl ist der, für den die meisten spenden. In einer Live-Fernsehshow wird dann das Ergebnis (der beste Schnauzbart und die Spendensumme) verkündet.

Im März muss ich genau überlegen, ob und wem ich meinen isländischen Spaß-Satz, dass Tom Selleck der einzige Mann auf der Welt ist, der mit Schnauzer gut aussieht, vortrage. Dass der Schnauzbart des US-Schauspielers bemerkenswert ist, finden die Isländer allerdings auch. Im Sirkus, jenem legendären Club, der 2008 schließen musste und für die Kunstmesse Frieze noch mal kurz zum Leben erweckt wurde, gab es über viele Jahre Tom-Selleck-Look-Alike-Wettbewerbe. Inzwischen werden sie wieder veranstaltet, allerdings in der Bar Boston. Sosehr die Ehefrauen, Freundinnen und Töchter das Engagement der Männer auch unterstützen, sind doch die meisten froh, wenn im April die Schnauzbärte wieder fallen.

Geht es um Frisuren, sind die isländischen Männer ähnlich experimentierfreudig wie die Frauen, auch außerhalb des Mottu Mars. Sei es eine Punkfrisur, ein asymmetrischer Schnitt oder eine neue Blondierung, hat man einen Isländer drei Wochen nicht gesehen, ist garantiert irgendetwas am Styling der Haare anders. Die Isländerinnen flechten sich ihre Haare gerne zu kunstvollen Zöpfen, rollen sie zu Schnecken oder türmen sie auf. Besonders die Fernsehmoderatorinnen bei RÚV lassen sich stets außergewöhnliche Kreationen frisieren. Wie man die hinkriegt, kann jeder in Magazinen oder achtseitigen Beilagen der Tageszeitungen nachlesen. Es gibt für scheinbar alles achtseitige Sonderbeilagen: Reifen, Jagdgewehre, Wolle, Hosen oder eben Haarschnitte.

Hrafnhildur Arnardóttir macht die abgeschnittenen Haare selbst zum Kunstwerk. Sie formt sie zu langen, ineinander verwobenen Zopfbildern, die als Exponate in Museen hängen oder am Dachbalken der beiden befreundeten Künstler Ragnar und Ásdis. Auch Musikerin Björk ließ sich für das Cover ihres Albums ›Medúlla‹ eine Kreation von Hrafnhildur aka Shoplifter anfertigen. »Das Haar ist für viele im täglichen Leben eine Quelle der Kreativität«, sagte die Isländerin mal, »sie drücken damit ihre Individualität und Schönheit aus.« Für Björk schuf die Künstlerin ein schwarzes Kunstwerk, das einem Netz ähnelte und in das Haar von Björk verwoben wurde. Der Popstar ist ein regelmäßiger Gast bei isländischen Designern. Auch von Thelma ließ sie sich schon Kopfschmuck gestalten. Es ist eben eine kleine Szene, in der jeder jeden kennt und sich neue Trends schnell entwickeln und verändern.

Miss Aura und ihre innere Schönheit

Ásthildur Cesil Þórðardóttir kleidet sich eher unscheinbar. Ein türkisblauer Strickpulli, eine dunkle, locker sitzende Hose und dazu Birkenstocks mit Wollsocken. Die 66-Jährige schminkt sich auch nicht aufwändig, ihre Haare sind einfach da. Ásthildur braucht kein besonderes Outfit – schließlich ist sie Miss Aura, die Frau mit der schönsten Aura. Sie lebt am Rande der Hafenstadt Ísafjörður. Ihr Haus liegt an einem Hang, nur unweit der Halle, in der an Ostern das Aldrei-Musikfestival stattfindet. Beim letzten Mal lag der Schnee über einen Meter hoch vor ihrer Tür, da schaute sich Ásthildur das Spektakel lieber live im Internet an. Ansonsten ist die Isländerin aber gerne in der Natur; sie ist die Gärtnerin der Stadt.

Herzlich lächelnd begrüßt sie jeden Gast in ihrem ungewöhnlichen Haus. Zunächst sollte es die Form eines Champignons haben, bei dem der Stiel der Aufzug gewesen wäre und die Kappe der Wohnbereich, so träumte es zumindest ihr Mann Elías eines Nachts in den achtziger Jahren. Doch da sich das in der Umsetzung als schwierig erwies, entwickelte ein Architekt für

Miss Aura und ihr fantasievolles Haus

sie den Champignon ohne Stiel. Der vordere Teil des Hauses ist ein mit Glas überdachter Garten, in dem sich ein kleiner Teich, blühende Rosen und sogar hochgewachsene Bäume befinden. Vom Gartentisch aus, blickt die Familie in den Fjord und auf die gegenüberliegenden Bergketten. Ásthildur und Elías haben vier gemeinsame Kinder (ein weiteres brachte der Mann mit in die Ehe) und zwanzig Enkelkinder. Wann immer man die Familie besucht, turnt mindestens eines davon im Gewächshaus oder auf dem Grundstück herum.

Wie wird man eigentlich zur Miss Aura? Im Frühjahr 2007 las eine Bekannte von Ásthildur in der Zeitung, dass in Ísafjörður ein klassischer Schönheitswettbewerb stattfinden sollte. Das fand

sie albern, schließlich könne man gutes Aussehen doch nur schwer bemessen, also dachte sie sich den Wettbewerb der »Ungezähmten Schönheiten« aus. Jeder konnte mitmachen, solange der Person anzusehen war, dass sie schon gelebt hat: durch Falten, eine Glatze, Übergewicht, Cellulite, hängende Brüste, Rückenhaare oder Arbeiterhände. Denn »sie geben Charakter und Sex-Appeal«, war die Ansicht der Jury.
13 Leute beteiligten sich an der Wahl zur »Ungezähmten Schönheit«, am Ende bekam jeder einen Preis. Der eine wurde zu »Mister Postkarte« ernannt, eine andere zu »Miss Persönlichkeit«, und Ásthildur kürte die Jury zu »Miss Aura«.
Der Wettbewerb war ein Spaß für alle Beteiligten und gleichzeitig ein Statement: Erkenne, dass jeder schön und besonders ist. Die 66-Jährige holt ihre Schärpe hervor und legt sie sich stolz um: »Áran 2007« steht dort geschrieben. Und ich verstehe, warum die Isländerin diesen Preis bekam. Die Frau mit den leuchtenden blauen Augen hat wirklich eine bezaubernde Ausstrahlung.
»Jeder kann eine schöne Aura haben«, sagt sie. »Fülle dich mit Licht und Liebe und sag deinem Körper, dass du zu schätzen weißt, wie viele Jahre er dir gut gedient hat.« Manche ihrer Ausführungen erinnern an andere Geisteshaltungen: Denke positiv, schließe deine Augen und lerne, dein Unterbewusstsein zu öffnen. »Egal, ob du daran glaubst oder nicht, nehme auf, was die Erde dir gibt«, findet Ásthildur.
Die spirituelle Isländerin ist offen für nicht erklärliche Dinge. Sie sagt, dass in ihrem Haus nicht nur ihr Mann und die Enkel, sondern auch einige Elfen leben – solche, die plötzlich Sachen verschwinden lassen. Ansonsten seien die verborgenen Wesen ihnen aber wohlgesonnen. Ásthildur weiß, dass manche sie für verrückt halten, doch das stört sie nicht. Und ob man nun an gute Geister und Elfen glaubt oder nicht, am Ende des Tages

verlässt man dank der Herzlichkeit der Familie dieses Haus mit einem warmen, wohligen Gefühl.

Machen Elfen schön?

Erla Stefánsdóttir hat für Ísafjörður sogar eine eigene Landkarte gezeichnet, auf der 22 Orte vermerkt sind, an denen verborgene Wesen leben sollen. Auch Ásthildurs Haus und der dahinterliegende Berghang sind darin vermerkt. Dabei unterscheidet Erla zwischen Gnomen, Zwergen, verborgenen Leuten, Wasserfallgeistern, Bergfeen, Bergdivas und Elfen. Ísafjörður und die Berge der Region seien sehr aktiv, schreibt sie. Erla wird weltweit als »Elfenbeauftragte« bezeichnet, zwischenzeitlich kursierte sogar das Gerücht, die Klavierlehrerin mit den hellseherischen Fähigkeiten sei vom Staat angestellt. Doch das ist nicht der Fall.
Wolfgang Müller, ein deutscher Künstler und Autor, der regelmäßig nach Island fährt, gab ihr diesen Namen. Als er Erla vor etlichen Jahren traf, wusste er nicht so recht, wie er ihre Gabe, verborgene Wesen zu sehen und mit ihnen in Kontakt zu treten, beschreiben sollte. Also nannte er sie die Elfenbeauftragte. Denn tatsächlich riefen Erla mehrfach Leute an, wenn es beim Straßenbau an einigen Stellen zu unerklärlichen Störungen kam – etwa weil die Maschinen immer wieder kaputtgingen oder sich Arbeiter verletzten. Glaubt man Erla, werden Elfen, die in Lavasteinen leben sollen, böse, wenn man ihr Zuhause ungefragt versetzen oder sprengen will. Die Lösung: Sie spricht mit den Elfen und bittet diese auszuziehen, andernfalls muss die Straße um den Stein herumgebaut werden. Das Thema Elfen ist auf der Vulkaninsel heikel. Die meisten Isländer glauben nicht unbedingt an sie, würden aber auch nie behaupten, dass es sie

nicht gibt. Besonders deutsche Touristen fragen die Isländer immer wieder danach, was etliche nervt. Gleichzeitig nutzen sie das Interesse, wie zum Beispiel Magnús H. Skarphéðinsson, der Bruder des isländischen Außenministers, der im Reykjavíker Industriegebiet eine Elfenschule betreibt. Dort bringt Magnús Touristen bei, die vielen Typen von verborgenen Wesen zu erkennen und zu unterscheiden. Über die Jahre hat der Isländer alle Geschichten gesammelt und ausgewertet – er selbst hat bisher keine Elfen gesehen.

Früher glaubten einige Bauern, in den schroffen Felsen am Meer oder auf den Bergspitzen versteinerte Wesen zu sehen. Später am Abend, wenn die Familie zusammensaß, erzählten sie abenteuerliche Geschichten, die über Jahrhunderte mündlich weitergetragen und mit der Zeit immer wieder verändert wurden. Die Erzählungen waren unterhaltsam und sollten Kin-

der gleichzeitig davon abhalten, zu hoch in die steilen Berge zu klettern oder entlang der gefährlichen Klippen am Atlantik. Selbst wenn die verborgenen Wesen vielleicht nur Legenden sind, so gibt es doch auch Ausländer, die unerklärliche Begegnungen haben. Ein französisches Paar wanderte vor ein paar Jahren durchs Hochland, abends bauten sie neben einer Berghütte ihr Zelt auf. Die Hüttenbetreiber hatten für die Camper einen Steinhaufen als Windschutz errichtet. Nadia war ein wenig ängstlich, es war sehr zugig, und dort oben lag schon Schnee. Abends wälzte sich die Französin unruhig in ihrem Schlafsack hin und her. Später öffnete sie das Zelt einen Spalt, um frische Luft hereinzulassen, und sah plötzlich, wie aus der Steinwand eine rosafarbene Blume wuchs, die Blüte öffnete sich, und heraus schaute eine kleine Elfe. »Sie sagte: Es ist alles in Ordnung, du musst dir keine Sorgen machen«, erzählt Nadia. Kurz darauf habe sich die Blüte wieder geschlossen und sei verschwunden,

Geheimnisvolle Gesichter und Formationen in der Landschaft

genau wie die Elfe. Ihr Freund Gerard, der friedlich schlief, zog Nadia den ganzen Urlaub damit auf. Irgendwann traute sie sich, einem Isländer davon zu erzählen. Für den war die Sache klar: »Du hast eine Blumenelfe getroffen.«
Auch Guðrún Bergmann glaubt, dass von der Natur eine besondere Kraft ausgeht. Sie führte bis vor kurzem ein Ökohotel in der Snæfellsnes-Region, einer Halbinsel im Westen Islands. Die Sechzigjährige meditiert regelmäßig bei einem Lavafeld, das in der Nähe des Meeres liegt. Diese verträumten Landschaften sind, wie alle Regionen Islands, geprägt von Geschichten und Legenden, nicht zuletzt durch den Berg Snæfellsjökull, den Jules Verne für seinen Roman nutzte.
Literaturnobelpreisträger Halldór Laxness verewigte ihn ebenfalls literarisch in seinem Roman ›Am Gletscher‹. Rund um den 1446 Meter hohen »Schneeberggletscher« soll es besondere Kraftfelder geben, ähnlich wie bei den ägyptischen Pyramiden, heißt es. Guðrún kennt das Gebiet sehr gut, gemeinsam mit ihrem inzwischen verstorbenen Mann kämpfte sie dafür, dass es

zum Nationalpark wurde. Sie erzählt von den Saga-Geschichten um Bárður Snæfellsás, der einer der ersten Siedler der Region und stärker gewesen sei als andere, weil er Trollblut in seinen Adern hatte. Nach einem Zusammenstoß mit seinem Bruder soll er in dem Gletscher verschwunden sein, wo man ihn bis heute vermutet.

Guðrún ist eine sehr hübsche Frau, schlank, mit weißen, lockigen Haaren und klarer Haut. Sie benutzt kaum Make-up, denn sie möchte, dass ihre Haut atmen kann, ihren Teint verdankt sie der frischen Luft, glaubt sie. Täglich macht die Isländerin, die inzwischen wieder in Reykjavík lebt, einen Spaziergang in der Natur. »Der Wind klärt deinen Kopf, lässt dich frisch und damit auch schön aussehen.« Die Sechzigjährige ist ständig unterwegs, sie praktiziert Yoga und glaubt, dass ein flexibler Körper auch einen flexiblen Geist schafft. Man muss den positiven Spirit spüren, meint Guðrún.

Bei unserem Spaziergang durch ein Lavafeld in der Snæfellsnes-Region macht sie plötzlich Halt. Sie möchte kurz meditieren. »Leg dich mal ins Moos und fühle, wie die Natur dich umarmt.« Wer kleine Momente wie diese nutzen könne, sei ein glücklicher und damit auch ein schöner Mensch.

Auch wenn die Schönheit im Wesentlichen von innen komme, auf eines kann und will Guðrún aber nicht verzichten: ihren roten Lippenstift. Er ist zu ihrem Markenzeichen geworden. Auch nach dem Meditieren zieht sie ihn schnell wieder nach. Als die Bewohner der Snæfellsnes-Region sie anfangs noch nicht gut kannten, umschrieben sie Guðrún oft so: »Das ist die Frau vom Hotel, die immer roten Lippenstift trägt und die Menschen umarmt.« Mit so einer Assoziation kann sie gut leben. Die Isländerin hat stets ein Lächeln auf den roten Lippen und führt mich

Guðrún – der Beweis, dass diese Natur schön macht

nun zur Bucht Dritvík, wo bei einem hohen Lavaausläufer vier runde Steine unterschiedlichen Gewichts liegen.
Fischer, die sich früher um einen Platz auf dem Boot in Dritvík bewarben, mussten zunächst ihre Kraft beweisen. Die Steine tragen Namen: 23 Kilo ist der Schwächling, 54 Kilo Brauchbarer, 100 Kilo ein Halbstarker und 154 Kilo ein Ganzstarker. Die Anwärter mussten mindestens den Brauchbaren bis zur Hüfthöhe auf einen Felsabsatz heben können, um mit an Bord sein zu dürfen. Auch heute noch gibt es in Island Wettbewerbe dieser Art. Kräftige Männer stemmen Steinkugeln, ziehen Lastwagen hinter sich her, das alles wird im Fernsehen übertragen. Die muskelbepackten Kerle können sich auch international messen, acht Mal wurde in den achtziger und neunziger Jahren ein Isländer »World's Strongest Man«. Das kleine Inselvolk kann sich aber nicht nur damit rühmen, die stärksten Männer der Welt zu haben, sie haben auch die schönsten Frauen. Drei Miss World

kommen aus Island, zuletzt im Jahr 2005. Vielleicht verleiht ihnen ja auch das Bewusstsein, die schönsten Frauen und stärksten Männer zu haben, diese starke Aura.

Mutiges Auftreten

Wenn die Isländerinnen abends ausgehen, wollen sie auffallen und tun es auch. Das liegt zum einen an ihren extravaganten Outfits, zum anderen an ihrer inneren und äußeren Haltung. Die meisten von uns kennen das sicherlich: Es gibt Tage, da fällt man scheinbar jedem auf, fast so, als sei man ein Promi. Viele Schauspieler und Stars haben diese Aura um sich, die dafür sorgt, dass sie wahrgenommen werden – selbst wenn sie nur ganz normal durch die Straßen spazieren oder im Café sitzen. Durch ihre intensive Arbeit mit dem Körper, haben sie eine gewisse Spannung und wissen diese genau einzusetzen.
Viele Isländer machen sich das bewusst oder unbewusst zunutze. Sie fühlen sich wie ein Star, weil sie gestern in der Zeitschrift waren, einen bekannten Isländer zum Partner haben oder einfach nur so. Bei einem meiner Islandbesuche interviewte mich eines Tages eine Journalistin für die Tageszeitung ›Fréttablaðið‹.
Jeder Reykjavíker bekommt sie kostenlos morgens nach Hause, im restlichen Teil des Landes kann man sie kaufen. Für mich war es ein komisches Gefühl, interviewt zu werden. Doch wer über die isländische Lebensart schreibt, muss wohl auch das mal erlebt haben, dachte ich. Kurz nach dem Interview kam ein Fotograf, und am nächsten Tag stand auf der Seite, wo sonst isländischen Persönlichkeiten porträtiert werden, ein Bericht über die

Eigentümliche Basaltfelsen beim Fischerort Arnarstapi

deutsche Journalistin, die ein Buch über Island schreibt. Das Foto war fast größer als der Bericht, doch Bilder der vorgestellten Personen sind hier, ähnlich wie die Namen, sehr wichtig als Orientierung. Wer bist du? Woher kommst du?
Am nächsten Morgen ging ich, nach der Lektüre des wohlwollend geschriebenen Berichtes, zu einigen Terminen und tatsächlich sprachen mich viele auf den Artikel an. »Hey, ach du bist das. Dich wollte ich unbedingt kennenlernen.« So ging das noch über Tage, es war schon recht schmeichelhaft, ebenso wie einige E-Mails.
Kurz nach der Veröffentlichung des Artikels ging ich mit rund achtzig anderen Medienleuten zu einem Empfang beim Präsidenten Ólafur Ragnar Grímsson. Der amerikanische Filmemacher Jim Jarmusch bekam im Rahmen des Filmfestivals RIFF einen Preis überreicht, anwesend waren auch einige Minister, berühmte Filmemacher wie Dagur Kári, dazu expressiv gekleidete Damen. Die Frau des Präsidenten war eine davon.
Man plauderte mit dem einen oder anderen, der Präsident lud alle dazu ein, durch die Räume seiner Residenz zu streifen. In der ersten Etage lag über dem Geländer ein großes Eisbärenfell, an den Wänden hing das Gemälde einer Mooslandschaft vom Nationalmaler Kjarval. Der Präsident war im Gespräch mit Friðrik Þór Friðriksson, dem einst Oscar-nominierten Filmemacher. Ich wartete einen Moment und traute mich dann, die beiden hohen Herrschaften anzusprechen. Ich stellte mich vor und erklärte, was ich gerade in Island tat, und noch bevor ich meine eigentliche Frage stellen konnte, sagte der Präsident: »Weiß ich doch, ich habe den Artikel über dich gelesen.«

Obwohl mich nach den vielen Reisen und Aufenthalten in Island nur noch selten Zufälle überraschen, war ich dann doch platt. Bei uns kann es natürlich auch sein, dass der Bundespräsident am Vortag per Zufall die gleiche Zeitschrift gelesen hat, aber da es Hunderte Zeitungen gibt, ist die Wahrscheinlichkeit schon sehr gering. Aber dieses Erlebnis machte mir noch mal klar, dass in einer kleinen Gesellschaft wie Island jeder besonders ist und sich auch so fühlt.

7 Tradition

Viele Leute haben bei mir probiert. Ich habe zwar nie wieder etwas von ihnen gehört, aber sie können ja nicht alle gestorben sein.

Elvar Reykjalín, Fischer und Hersteller von Gammelrochen

Der beißende Geruch zieht mir erbarmungslos in die Nase, es riecht nach Pissoir. Im besten Fall sollen Speisen ja die Geschmacksnerven kitzeln und ein wohlwollendes »Mmmh« provozieren, doch Hákarl erreicht das absolute Gegenteil. Aber was will ich von einem vergammelten Hai wiederum auch anderes erwarten? Schon die Wikinger aßen ihn, genau wie alles andere, was sie nicht umbrachte. Es war ihre einzige Möglichkeit, auf der kalten nordischen Insel zu überleben. Heute gilt der verrottete Hai als Delikatesse, die zu traditionellen Festen serviert wird.

Der in Stücke geschnittene Hai erinnert optisch an einen weißen Käsewürfel und mundet wie in Ammoniak getränkter Speck. Die beste Strategie ist, ihn einfach so schnell wie möglich herunterzuschlucken. »Stell dich nicht so an«, sagt ein Freund von mir, als wir gemeinsam im Sægreifinn, einem urigen Fischerrestaurant am Reykjavíker Hafen, sitzen. »Hier, ich esse es, ohne mich so zu zieren.« Dann stopft er sich gleich vier Stükke hinein. »Siehst du, überhaupt kein Problem.« Doch auch er trinkt danach erst mal einen großen Schnaps, der passenderweise »Brennivín«, brennender Wein, genannt wird und den Beinamen »schwarzer Tod« trägt. Anders ist diese Geschmacks-

explosion im Gaumen auch nicht zu beenden. Manchmal glaube ich, die Isländer essen Hákarl nur noch, um danach ordentlich Brennivín bechern zu können. Und natürlich lieben sie es, Besucher damit zu schocken.
Hergestellt wird Hákarl fast noch wie zu Wikingerzeiten; sie zerlegen den Grönland- oder Eishai und lagern die Brocken anschließend mindestens sechs Wochen in einer Holzkiste, wo er dann vor sich hin stinkt. Ein sehr wichtiger Prozess, denn da der Fisch keine Nieren hat, sammeln sich seine Stoffwechselgifte im Fleisch. Beim Verrotten werden dann giftige Stoffe wie das Ammoniak freigesetzt. Bevor die gewöhnungsbedürftige Delika-

tesse auf dem Teller landet, lassen sie den Hai noch für einige Wochen in halboffenen Hütten lufttrocknen, bis sich eine braune Kruste bildet. Selbst bei frischer Luft erschlägt einen der Geruch, dennoch ist es auch rührend zu sehen, wie stolz einige Hobbyköche ihr Hákarl herausholen, um lustvoll daran zu schnuppern.

Auch wenn ich mir nach dem ersten Mal vorgenommen hatte, nie wieder vergammelten Hai zu essen, wurde er mir später noch häufig unter die Nase gehalten. Fünf Mal ließ ich mich überreden, aber nur, wenn Brennivín in der Nähe war. Vor anderen isländischen Spezialitäten konnte ich mich bisher drücken: Dazu zählen in Molke eingelegte Widderhoden, angesengte Schafsköpfe (die Augen sollen das Beste sein), Gammelrochen, Hirnsülze und Blutpudding.

Es sind die klassischen Gerichte, die auch früher selbst in den kältesten Monaten des Jahres noch verfügbar waren. Und so werden sie bis heute stets beim traditionellen Fest Þorrablót, das zwischen Januar und Februar gefeiert wird, auf dem Buffet des Grauens ausgestellt. Auch im Exil wird Þorrablót ausgiebig zelebriert und mit reichlich Brennivín begossen. So gestärkt und berauscht spielen die Wikingernachfahren dann Bingo, führen kurze Theaterstücke auf und singen jedes Lied, das ihnen einfällt.

In isländischen Supermärkten sind die eigenwilligen Gerichte überall zu finden, nicht nur in Feinschmecker-Geschäften, sondern auch beim Discounter. In Tiefkühltruhen und an Tresen liegen neben Lachs und Kabeljau selbstverständlich halbierte Schafsköpfe, Lammherzen im praktischen Viererpack, Sülzen, Leber und sonstige Innereien. Und nicht nur das: Sie werden sogar in Zeitungsanzeigen groß und in Farbe angepriesen.

Für die Isländer ist das normal, doch im Alltag greifen auch sie immer häufiger zur Tiefkühlpizza oder kaufen sich Sushi. Ein beliebter Snack sind zudem Hot Dogs mit gerösteten und rohen Zwiebeln, Remoulade, Ketchup und Senf. Das nennt sich dann »pylsa með öllu«, eine »Wurst mit allem«.

Bingo – beliebte Freizeitbeschäftigung

Sláturterta (Blutwursttorte)

Man braucht:
1 Liter Blut
7 dl Wasser
2 Esslöffel grobes Salz
400 Gramm Haferflocken
500 Gramm Roggen
500-600 Gramm Fett

Blut, Haferflocken, Wasser und Salz werden mit den Händen in einer großen Schüssel kräftig vermengt und geknetet, bis sich vor dir eine blutige Suppe ausbreitet. Die lässt du dann einen Moment stehen, bis sich das Salz aufgelöst hat und die Haferflocken richtig feucht sind. Anschließend rührst du das Fett und den Roggen unter. Diese Masse wird jetzt in kleine Taschen gefüllt, die du aus dem Schafsmagen genäht hast. Nun werden die Beutel zweieinhalb Stunden in Salzwasser gekocht und anschließend mit pürierten Rüben (zubereitet mit viel Butter, etwas Salz und Zucker), Kartoffeln und einer Béchamel-Sauce serviert.

Wenn du eine Blutwursttorte in der Form deines Lieblingsberges backen willst, gieße die breiige Masse in eine Form und lasse sie im Backofen garen. Wie lange? Da die Köche ihre Geheimrezepte nicht verraten wollten, musst du es selbst ausprobieren. Aber das ist alles ganz Isi.

Blutwursttorten mit Ausblick

Es gibt eine neue Bewegung von Köchen und Food-Designern, die die isländische Tradition, alles Verwertbare auch wirklich zu nutzen, noch stärker aufleben lassen wollen. Im Rahmen eines Produktdesign-Kurses an der Icelandic Academy of Arts entwickelten zwei Designerinnen zusammen mit einer Professorin den Kurs »Designers And Farmers United«. Dessen Ziel ist es, gemeinsam mit Bauern neue originelle Produkte zu kreieren. Jedes der Pilotprojekte hat einen eigenen Charakter: So stellt ein Ehepaar im Süden des Landes mittlerweile erfolgreich Rhabarber-Süßigkeiten her, eine Firma im Westen produziert Tontöpfe und auf einem abgelegenen Hof im Nordosten Islands entwickelten die Designer mit ihren Studenten und Bauern eine Variation des Klassikers »slátur«, aus dem unter anderem Blut- oder Leberpudding gekocht wird.

Gewiss nicht jedermanns Sache: die Blutwursttorte

Möðrudalur ist mit 469 Metern der am höchsten gelegene Bauernhof Islands. Die Besitzer sind berühmt für ihre Schafzucht und das aromatische Lammfleisch, einige Reste verwerteten sie schon für die Fleischsuppe, doch die Innereien blieben bisher ungenutzt. Die Food-Designer und Köche entwickelten für sie nun eine »sláturterta«, eine Blutwursttorte. In ihr werden neben dem Blut und der Leber des Schafs auch andere Innereien zu einer roten Suppe vermengt, die die Köche dann in eine Form gießen und anschließend im Ofen garen, traditionell kocht man sie in einer Magenhaut. Die neu designte Torte hat die Form des Herðubreið, der Vulkan im Hochland gilt als Königin der Berge und trägt stets eine weiße Schneehaube. Die wird durch eine Schicht von Püree auf die herzhafte Torte gezaubert, dazu gibt es Blaubeerensauce.
Die zubereitete Blutwursttorte ist allein schon deshalb ein einmaliges Erlebnis, weil eigens dafür neue Teller kreiert wurden und sie nur im lokalen Café, das zum Bauernhof gehört, serviert wird. »Während du die Torte isst, kannst du sogar auf den majestätischen Herðubreið schauen«, sagt Guðfinna Mjöll Magnúsdóttir, eine der beiden Designerinnen, die das Projekt leiten. Ihre Kollegin Brynhildur Pálsdóttir hat schon lange ein Faible für Vulkane, vor Jahren gestaltete die 31-Jährige ein Poster mit einer Anleitung, wie aus Schokoladenteig, Marmelade und einer selbst gebastelten Form ein aktiver Vulkankuchen gebacken werden kann.

Mehr Schafe als Menschen

Lammfleisch zählt neben Fisch als »Grundnahrungsmittel« der Isländer, es ist zart und aromatisch. Das liegt zum einen an der frischen Luft, zum anderen an den vielen Kräutern und Gräsern, die die Schafe den Sommer über in freier Wildbahn fressen. Es gibt sogar einige Gourmets, die am Geschmack erkennen wollen, woher das gebratene Lammfilet auf ihrem Teller stammt. Die Schafe aus den Westfjorden futtern besonders viel Seegras und enthalten dadurch mehr Omega-3-Fettsäuren; andere Lämmer knabbern im Hochland Angelika-Kräuter, auch Engelwurz genannt. Isländische Schafe leben den Sommer über im Freien, also in Biohaltung. Da das für alle gilt, braucht es kein besonderes Gütesiegel dafür wie bei uns.

Früher hielten einige Deutsche die Isländer übrigens für Barbaren: Es ging das Gerücht um, das nordische Inselvolk würde seine Kinder essen. Doch das war nur ein Missverständnis, denn Schaf heißt auf Isländisch »kind«.

In Island muss man die Traditionen nicht lange suchen, sie sind überall sichtbar. Auch wenn einige Insulaner klagen, dass die Städter den Bezug zu ihren Wurzeln zunehmend verlieren, sind sie ihnen näher als in vielen anderen Ländern. Denn sobald die Isländer in die Natur fahren, stoßen sie auf ihre Traditionen: Am Wegesrand weiden Schafe oder Islandpferde, in den Küstenorten steigt einem der Fischgeruch der nahe gelegenen Fabrik in die Nase. In so gut wie jedem Dorf wird Fischerei oder Landwirtschaft betrieben.

Ohne die genügsamen Schafe hätte das Inselvolk vermutlich nicht überlebt, und bis heute sind die Tiere ein wichtiger Bestandteil der heimischen Landwirtschaft. Den ganzen Sommer über haben sie ihre Ruhe; sie fressen im Hochland Gräser und Kräuter, trotten von einem Hügel zum nächsten, knabbern an den Küsten genüsslich Seegras und klettern leichtfüßig jeden noch so steilen Berg hinauf. Manchmal hupen Autofahrer, wenn sie plötzlich auf die Straße springen, doch das war es dann auch schon mit der Aufregung. Ansonsten herrscht zufriedene Gelassenheit in der unendlichen Wildnis.

Isländische Schafe sind zäh, furchtlos und sie weiden sogar in so kargen Gegenden, dass ein Tourist mal verwundert fragte, ob die Tiere eigentlich Steine futtern, weil er sich einfach nicht vorstellen konnte, wovon sie sich dort oben ernähren. Tatsächlich grasen Schafe alles ab, was ihnen über den Weg läuft, deshalb werden Baumzöglinge, die bei der Aufforstung Islands helfen sollen, auch stets eingezäunt. Im September ist das Sommermärchen vorbei, dann treiben die Farmer ihre Schäfchen vom Hochland hinunter in die Täler. Auf 320 000 Isländer kommen über 460 000 gefräßige Wollknäuel, und obwohl viele Isländer im Alltag ein modernes, städtisches Leben führen, fahren sie aufs Land, um beim traditionellen Réttir, dem Schafabtrieb, dabei zu sein. Manche als Zuschauer, doch die meisten packen tatkräftig mit an. Das ist dringend nötig, denn die stör-

rischen Schafe haben eigentlich gar keine Lust, ihre Berge zu verlassen.

In Borgarfjörður eystri treffen sich an diesem Samstag im September rund vierzig Isländer zum Réttir. Ganz früh am Morgen steigt die erste Gruppe mit den flinken Border Collies zu Fuß oder auf Pferden den Staðarfjall hinauf. Er ist einer der farbenprächtigen Berge, der den Fjord im Nordosten Islands einrahmt und so besonders macht. Im Tal liegt die Gemeinde Bakkagerði mit seinen knapp 130 Einwohnern. Die 52-jährige Sveina und ihr Mann sind in dem Ort aufgewachsen, doch da beide ihre Jobs verloren, zogen sie vor einigen Jahren ins siebzig Kilometer entfernte Egilsstaðir. Das Familienhaus, in dem Sveina mit ihren neun Geschwistern aufwuchs, steht ihnen aber immer offen.

Die Isländerin hilft heute freiwillig mit und trägt extra ein rotes Wanderoutfit, damit sie im dunkelgrün-braun schattierten Gebirge leicht zu erkennen ist. Sveina bewacht die Seitenhänge des rund 600 Meter hohen Staðarfjall, denn die Schafe sollen schnurstracks den Berg hinunter ins breite Tal von Borgarfjörður eystri laufen. Sobald sich eines in ihre Nähe verirrt, bringt die kleine Frau es mit lauten Rufen und kräftigem Gestikulieren wieder auf den richtigen Weg. Das Ziel: ein rundes Gatter am Rande des Ortes Bakkagerði, das einem riesigen Holzwagenrad ähnelt.

Rund 500 Schafe treiben sie heute zusammen, von oben sieht die trippelnde Masse aus wie ein weißer Fluss, der sich langsam den dunklen Hang hinunterschlängelt. Auch kurz vor dem Ziel büxen einige Schafe im weitläufigen Tal aus. Doch es stehen Bauern, deren Familien und freiwillige Helfer bereit, sie brüllen laut und fuchteln wild mit ihren Armen; und wenn selbst das

Genüssliches Leben in Freiheit bis September

nichts hilft, jagt einer der Hirtenhunde die Schafe zurück in die Herde.

Gegen 15 Uhr sind alle Tiere auf einer großen eingezäunten Fläche versammelt. Sie schnaufen, manchen hängt die Zunge heraus. Was für ein Stress! Die letzten Monate haben sie sich ein ordentliches Polster angefuttert, ihr dickes Fell ist ebenfalls gewachsen. Das war ja auch ihr Job. Die Bauern gönnen sich und den Schafen eine kurze Pause. Nach einer starken Tasse Kaffee beginnt der zweite Teil der Arbeit: die Zuordnung der Schafe. Jedes hat an den Ohren eine Kennnummer, sodass man weiß, welches Tier zu welchem Bauern gehört.
Jeweils fünfzig Schafe werden nun in den inneren Kreis des riesigen Wagenrades getrieben, von dort gehen sternförmig nummerierte Pferche ab. Sie sind so dicht gedrängt, dass sie ihren Kopf auf den Rücken des anderen legen müssen – ein blökendes Meer aus Wolle. Die meisten Schafe tragen weißes Fell, dazwischen sind einige braune, schwarze und sogar schwarz-weiß gefleckte.
Nun quetschen sich noch die Helfer rein, ordnen die Schafe den jeweiligen Abzäunungen zu. Selbst die Kinder wissen genau, was zu tun ist. Beherzt packen sie die Tiere an den Hörnern oder am Nacken und drängen die störrischen Schafe in die zugewiesenen Pferche. Je mehr Platz im Kreis ist, desto schwieriger wird das, denn inzwischen haben die Schafe sich erholt und winden sich immer wieder geschickt aus dem Klammergriff. Sveina plaudert in den kurzen Pausen mit den anderen Helfern, die sich genau wie sie farbenfroh gekleidet haben. Bäuerin Margrét B. Hjarðar, Magga genannt, trägt eine orange leuchtende Fischerhose, dazu einen dicken Wollpulli samt Trecking-

jacke und eine bunt geringelte Bommelmütze. Die 47-Jährige besitzt insgesamt 380 Schafe, dazu kommen jede Saison noch Hunderte Lämmer. Meist machen Magga und ihre Kollegen das Réttir drei oder vier Mal im September, denn es ist unmöglich, alle Tiere beim ersten Anlauf zu finden. Am späten Nachmittag sind zumindest diese sortiert, sodass die Besitzer sie auf Trucks zum Bauernhof fahren können, wo sie nun in den nächsten Wochen auf abgezäunten Wiesen weiden. »Das heute war ein kleiner Schafabtrieb«, sagt Magga noch, bevor sie losfährt, »in anderen Regionen der Insel werden bis zu 8000 Tiere an einem Tag gesammelt.«

Sveina steht jetzt der Sinn nach etwas Süßem, sie besucht eine Freundin im Dorf. Die Isländerin klingelt nicht, sondern geht direkt rein, zieht sich ihre schmutzigen Schuhe und die Hose aus, kurz darauf sitzt sie in Wollunterwäsche in der Küche. Es gibt selbst gebackenen Blaubeerkuchen mit jeder Menge Kokos-

flocken und Sahne, dazu frisch gebrühten Kaffee. Im einstöckigen Haus wuseln noch zwei Kleinkinder, die Tochter samt Schwiegersohn, die Mutter und weitere Freunde herum.
Wie die Familien hier früher lebten, ist beim Blick aus dem Küchenfenster zu sehen. Direkt nebenan steht ein Torfhaus aus dem Jahre 1899, es trägt den Namen Lindarbakki und gehört Elísabet Sveinsdóttir, die jedoch nur im Sommer hier wohnt, die restliche Zeit des Jahres verbringt sie im rund 800 Kilometer entfernten Kópavogur. Zum Glück hat Sveinas Freundin den Schlüssel zum Haus. Also Hose und Schuhe wieder an und abtauchen in ein anderes Jahrtausend.
Der größte Teil des Lindarbakki inklusive des Daches ist von einer dicken Grasschicht überwuchert. Nur an den Seiten und rund um die Eingangstür wurde später eine holzverkleidete Fassade gebaut, die nun in leuchtendem Rot gestrichen ist. Jeder Winkel erzählt eine eigene Geschichte: Neben dem antiken Ofen stehen Keramikkannen, an den Wänden hängen gehäkelte Topflappen, im Schlafzimmer zieren Teller, ein Schachbrett und eingerahmte Fotos die Wände – darunter ist auch eines

von Lenin. »Ja«, sagt Sveina und lächelt, »Elísabet ist eine Kommunistin.«

Auf rund dreißig Quadratmetern findet sich alles, was die Genossin zum Wohnen braucht. Dazu zählen eine Küche mit Wohnbereich, ein Schlafzimmer, ein Bad. Früher lebte Elísabet im Lindarbakki gemeinsam mit ihrem Mann Skúli, nachdem der verstarb, kommt die alte Dame alleine. Da vor dem hübsch hergerichteten Grundstück eine Informationstafel steht, denken viele Touristen, das Torfhaus sei ein Museum und gehen einfach rein und erschrecken sich, wenn sie eine Frau beim Mittagsschlaf überraschen. »Elísabet stört das nicht, sie findet es sogar lustig und freut sich über jeden Besuch«, sagt Sveina.

Nur unweit des Lindarbakki liegt Sveinas Elternhaus. Von dort aus blickt die Familie direkt auf den Álfaborg, den Elfenberg. In dem grün bewachsenen Lavahügel soll angeblich die Elfenkönigin leben, weshalb das Dorf die »Hauptstadt der Elfen« genannt wird. Sveina selbst hat bisher keine einzige gesehen, einer ihrer Söhne schon. »Man soll am Álfaborg nicht zu laut sein und keine Steine mitnehmen«, sagt die 52-Jährige. Daran halte sie sich, auch wenn sie nicht weiß, ob es diese Wesen wirklich gibt.

Im Vorgarten ihres Elternhauses liegen viele Steine: mit Flechten bewachsene Lavabrocken, Bergkristalle, schwarze Onyxe, Opale, glitzernde Amethysten, rote und braune Jaspisse. Die Familie hat sie am nahe gelegenen Strand oder in den Bergen gesammelt. Nahe des mystischen Hügels liegt die Kirche von Bakkagerði. Eigentlich überlegte die Gemeinde vor vielen Jahren, das Gotteshaus direkt auf dem Álfaborg zu errichten, doch es heißt, dass in der Nacht vor der Entscheidung einem der Abstimmungsberechtigten im Traum die Elfenkönigin erschienen

Elísabets Holzhaus von 1899

sei, die ihn davor warnte, die Kirche auf ihrem Hügel zu errichten. Am nächsten Tag votierte er dagegen, und so hatte die Mehrheit den Vorschlag abgelehnt. Die Kirche wurde an ihrer jetzigen Stelle gebaut. Im Inneren hängt ein Ölgemälde von Jóhannes S. Kjarval, dem Nationalmaler Islands, dessen Werke sich auch beim Präsidenten finden. Kjarval wuchs in der Region auf und verbrachte hier viel Zeit. 1914 malte er für die protestantische Kirche das Altbarbild. Es zeigt Jesus unter einem lilagelben Himmel, umringt von seinen Anhängern auf dem Álfaborg stehend.

Durch Elfengeschichten, Torfhäuser und Schafabtriebe ist in beschaulichen Buchten wie Borgarfjörður eystri das historische Island noch überall greifbar, aber auch durch die Lebensweise der Menschen. Die ganzjährig bewohnten Häuser werden nicht abgeschlossen, die Kirche mit dem wertvollen Gemälde ist Tag und Nacht geöffnet. Man vertraut einander und den Besuchern. Am nächsten Tag treffe ich Magga wieder, sie möchte mir ihren Bauernhof zeigen, der zwanzig Kilometer entfernt in der Bucht Njarðvík liegt. Dort lebt sie mit ihrem Mann und dem jüngsten Sohn, die drei älteren Kinder sind schon aus dem Haus. Bevor wir zu ihr fahren, muss sie einen ihrer anderen Jobs erledigen: Magga ist auch die Postfrau der Region. Mehrmals in der Woche fährt die Isländerin nach Egilsstaðir, um dort die Briefe und Zeitungen für die Region abzuholen. »Nur noch drei Höfe, dann bin ich fertig«, sagt sie und steuert mit ihrem großen Bus die Landstraße entlang. »Da ist eines von meinen Schafen«, ruft Magga und zeigt den Hang hinauf auf ein weiß-braun geflecktes. Kurz darauf erreicht sie den letzten Hof. Wie bei allen anderen Häusern auch, öffnet sie einfach die Tür und legt die Post im Vorraum ab. Plötzlich kommen ein paar Schafe auf Magga zu, sie krault die Tiere kurz. »Sie merken, wenn sich jemand mit ihnen auskennt.« Nun, da alle versorgt sind mit Streicheleinheiten oder Briefen, holt die Isländerin ihren Sohn ab, der nach der Schule bei einem Freund gespielt hat. »Der Zusammenhalt in unserem Fjord ist besonders groß«, erzählt Magga.

Einmal im Jahr machen sie während des Þorrablót in der Dorfhalle einen satirischen Jahresrückblick. Dort wird dann alles parodiert, was passiert ist. Jedes Jahr sitzen andere im Komitee, auch Magga hatte schon mal die Ehre. Die Feier nennt sich Áramótaskaup, genau wie der satirische Rückblick, der seit 1966 immer an Silvester bei RÚV ausgestrahlt wird. Ganz Island sitzt dann vor dem Fernseher. Komiker Jón Gnarr spielte darin viele Male mit, nahm die Reykjavíker Kommunalpolitik auf die Schippe. 2010 sollte er gerüchteweise einen Gastauftritt haben, wurde dann aber doch von einem Comedy-Kollegen parodiert. Immerhin im echten Bürgermeisterbüro, das stellte Jón Gnarr als Drehort zur Verfügung.

Am Nachmittag erreichen wir die Bucht Njarðvík, in der außer Maggas Familie noch ein Bauer lebt. Ihr Sohn verzieht sich nach einer Brotzeit in der Küche vor den Fernseher. Und Magga führt mich über ihren Hof mit der Scheune voller Strohballen, dem Winterquartier der Schafe. Das Herzstück ihres Mannes ist ein kleines Räucherhaus, in dem er Hangikjöt, geräuchertes Lammfleisch, »züchtet«. Unweit des Strandes steht ein Gästehaus, dort können Urlauber sich entspannen und, wenn sie wollen, den Landwirten bei der Arbeit zusehen. Manche bleiben sogar länger und helfen beim Holen der Lämmer im Frühjahr oder beim Schafabtrieb mit.

Mystische Wollwesen

Auf die Insel kamen die Schafe einst vor über tausend Jahren mit den ersten Siedlern, seitdem passten sie sich perfekt an das kühle Klima an. Durch die Isolation entwickelten die isländischen Schafe eine einzigartige Wolle. Das lange Außenhaar ist widerstandsfähig und wasserabweisend, die innere Schicht besteht aus kürzerem, feinem Fell, das isoliert und vor der Kälte schützt. Die Lopapeysas sind also wärmende Pullis und Regenjacken zugleich. »Ull er gull« – »Wolle ist Gold« sagen auch Brynhildur und Guðfinna, die beiden Designerinnen, die Teil des Fooddesign-Projektes sind. »Wir haben keine großen Baumwälder, dafür aber Wälder aus Wolle.«
Die beiden Isländerinnen nutzen gemeinsam mit einer Kollegin dieses lokale Gold, um daraus fantasievolle Decken, Umhänge und Mützen zu entwickeln. Inspiriert sind die Designs der Grup-

pe Vík Prjónsdóttir stets von Mythen und Geschichten. Die hellblau-weiß gemusterte Snjóbreiðan, Schneedecke, etwa erinnert daran, dass sich die Menschen früher in Notsituationen in den Schnee eingruben, wenn sie in einem Sturm die Orientierung verloren. Der Schnee isoliert und rettete so viele Leben. Auch die Wolldecke umhüllt den ganzen Körper, man kann in sie hineinschlüpfen, zwei angenähte Schuhe wärmen die Füße. An der Schuhspitze bilden zwei weiße Bommel übergroße Schneeflocken. »Diese Decke wärmt und beschützt dich im täglichen Leben«, sagt Brynhildur, »sie ist allen Überlebenden gewidmet, aber auch denen, die verstorben sind.«

Legenden in Wolle

Hinter jeder Kreation steckt eine eigene Geschichte. Das Flügelschild zum Beispiel ähnelt einem Umhang in Brauntönen, der von Seeadlern inspiriert ist, die blaue Meeresdecke mit den großen weißen Ankern erinnert an die stürmische Seefahrt, und die Zweierdecke ist eine Variation eines alten Brauchs, den es damals in ungeheizten Häusern gab. Isländer teilten sich dabei die Betten, um sich warm zu halten, und machten dies sogar mit fremden Besuchern als Geste der Gastfreundschaft. Sie lagen dann nicht nebeneinander, sondern einander gegenüber; und so ist auch die Zweierdecke designt, bei der jeweils am anderen Ende zwei Löcher für den Kopf und Kapuzen eingearbeitet sind.

»Unsere Decken schützen, geben Frieden, aber du kannst sie auch mit jemandem teilen und so ein intimes Objekt daraus machen«, sagt Guðfinna. Sie streicht in der Reykjavíker Galerie Spark Design Space, die gleichzeitig als Geschäft dient, liebevoll über die kuscheligen Wolldecken. »Jede hat ihren ganz eigenen Charakter. Und sobald sie jemand trägt, wird sie lebendig.« Als die Gruppe ein Fotoshooting mit allen Arbeiten machte, achteten sie genau darauf, zu wem am besten welche Kreation passt. So wird die Schneedecke von Högni, dem Sänger der Gruppe Hjaltalín, getragen. Mit seinen langen blonden Haaren und den weichen Gesichtszügen hat er etwas Engelhaftes.

Vík Prjónsdóttir ist das Alter Ego der drei Designer. »Wir drücken uns durch sie aus und sind wie sie fasziniert von der Natur und dem Alltag«, sagt Brynhildur. »Sie glaubt ans Jenseits und respektiert die verborgene Welt« – sei es in einem so benannten Umhang, der von schamanistischen Mustern der Inuit inspiriert wurde, oder in einem Seehundpelz, der den Mythos aufnimmt, dass Seehunde verfluchte Menschen sein sollen. Der farbenfroh gemusterte »Pelz« ist wie alle Kreationen von Vík Prjónsdóttir zu hundert Prozent aus isländischer Schafwolle hergestellt, er ähnelt einem Schlafsack, in den man am Bauchbereich einsteigt. Auch wenn die Geschichten zu den Decken manchmal ernst klingen, sind die Designs selbst verspielt und humorvoll. Wie die Variation einer alten Kappe, die Schäfer früher trugen, wenn sie weite Strecken wandern mussten. Sie bedeckte nicht nur den Kopf, sondern auch den Nacken; in der modernen Fassung nähten die Designer noch einen gestrickten Schnurrbart dran. (Der passt dann auch perfekt zum Mottu Mars.)

Hergestellt werden die außergewöhnlichen Arbeiten in der Strickfabrik von Vík, der südlichsten Ortschaft Islands. Víkurprjón war 2005 noch eine von drei Fabriken in Island, einst gab es mal über fünfzig. Es schien fast so, als würde die Tradition aussterben, weil sich selbst die Isländer lieber Fleece-Pullis zulegten, anstatt das heimische Material zu nutzen. Der Besitzer der Víker Fabrik, die es seit 1980 gibt, war sofort angetan von der Idee der jungen Designer, mal ganz andere Wollprodukte herzustellen. Seitdem arbeiten sie erfolgreich zusammen.

Die meisten Mützen, Pullis oder Handschuhe aus der leichten Schafwolle entstehen aber immer noch in Handarbeit. Früher strickten übrigens die Männer, während die Frauen spannen. Heute sind es jedoch vor allem Isländerinnen, die sich in den geselligen Strickclubs treffen und zu Hause vor dem Fernseher oder während der Univorlesungen zu Nadeln und Garn greifen. Seit der Krise ist das Stricken wieder beliebter geworden, es ist aber auch ein Weltphänomen. Sogar in New Yorker Cafés gibt es Strickclubs, weiß Guðfinna.

Die neue Liebe zur verarbeiteten Wolle nimmt bei den Isländern bisweilen gigantische Ausmaße an. Für die Einweihung eines elf Kilometer langen Straßentunnels, der nun zwei Orte im Norden der Insel miteinander verbindet, fertigten sie einen 11,5 Kilometer langen Schal. Er soll die warme und menschliche Verbindung der Orte symbolisieren und stärken, sagt die Initiatorin. Über eintausend Freiwillige, darunter auch einige Stricker aus dem Ausland, halfen dabei, die Idee umzusetzen. Die bunten Einzelteile des Mega-Schals wurden nachher wieder auseinandergenommen und für einen guten Zweck versteigert.

Kvöldvaka in den Westfjorden

An einem Abend im August ist der Speiseraum des Hotel Djúpavík in schummriges Licht gehüllt. Lediglich ein paar Kerzen auf den Holztischen lassen erahnen, dass sich rund achtzig Gäste versammelt haben. Jung und Alt sitzen beisammen, eine blonde Frau strickt Socken, andere wippen verträumt zu den melancholischen Liedern der Band Hraun. Die isländischen Musiker haben sich vor dem rustikalen Holzschrank postiert, der mit Büchern und Gesellschaftsspielen gefüllt ist; an der Wand hängen historische Werkzeuge und eine Nationalflagge. Trou-

badour Svavar Knútur singt neben leisen Folksongs auch fröhliche Lieder, die ihn und seine Band zeitweise zu zwanzigminütigen Jamsessions animieren.
Kvöldvaka, Abendwache, nannten die Isländer schon früher die späten Stunden, zu denen sich die Familie und Freunde nach getaner Arbeit trafen und einander Bücher vorlasen, Geschichten erzählten und gemeinsam Lieder sangen. Bis heute halten die Isländer an dieser Tradition fest. Meist gibt es dazu Kaffee, damit auch wirklich alle wach bleiben. Auf diesem Kvöldvaka werden ebenfalls Bier und Wein serviert.
In den Pausen gehen die meisten Besucher ins Freie, um zu rauchen, miteinander zu plaudern oder einfach den Ausblick auf den weiten Fjord in den abgeschiedenen Westfjorden zu genießen. Die Wolken schweben langsam über die Tafelberge und über den Nordatlantik hinweg. Djúpavík ist ein alter Fischerort, dessen Panorama dominiert wird von der maroden Heringsfabrik, die seit Jahrzehnten brachliegt.
Das macht Djúpavík zu einer Art Museum. Selbst außerhalb der Fabrik stehen Boote, bei denen der Lack abblättert, und ein weiß-schwarz karierter ausrangierter Wohnwagen. Direkt daneben campen an diesem Wochenende einige Isländer, die extra zu den »Djúpavík-Tagen« angereist sind. Einmal im Jahr nur werden sie begangen, und so sind das Dreißig-Betten-Hotel sowie das kleine Nebenhaus Álfasteinn komplett ausgebucht. Im Winter haben Hoteleigner Eva und Ásbjörn das Dorf meist für sich alleine, die wenigen umliegenden Häuser sind heute nur noch Sommerquartiere.
Nach dem Konzert nutzen die Gäste und Anwohner das milde Wetter, um am Rande des Ortes bei einem Lagerfeuer den Abend ausklingen zu lassen. Der Wind lässt die Funken in alle

Charmant-marode Kulisse: Schiffswrack in Djúpavík

Richtungen tanzen, immer wieder peitschen sie Svavar Knútur direkt ins Gesicht.
Doch der unerschrockene Isländer spielt weiter auf seiner Gitarre, nach dem Konzert wollen die Zuschauer noch mehr hören. So singt der kräftig gebaute Musiker unter anderem seinen Song »Yfir Hóla og Yfir Hæðir«, der von den Höhen und Tiefen des Lebens erzählt und einige zu Tränen rührt. Svavars erstes Soloalbum heißt ›Kvöldvaka‹, getreu diesem Motto hat er es auch abends, gemeinsam mit einer Gruppe von Freunden, aufgenommen.
Seit Jahren schon tritt der Isländer als einer von mehreren Musikern bei den Djúpavík-Tagen auf, seine Freundin arbeitet den Sommer über im Hotel, Chefin Eva kennt er natürlich ebenfalls sehr gut. Die meisten Gäste wohnen entweder in einem der Nachbarfjorde, haben hier ein Sommerhaus, waren früher schon zu Besuch oder gehören zur direkten Familie. Evas drei

Kinder und ihre Enkel sind an diesem Wochenende ebenfalls angereist; da alle Räume belegt sind, übernachten sie zeitweise zu fünft im elterlichen Schlafzimmer.

Eine Familie rückt zusammen. Die sechzigjährige Eva Sigurbjörnsdóttir nimmt immer wieder neue Gäste in ihre »Familie« auf. Denn das Hotel, in dem sie seit 1985 mit ihrem Mann lebt und die Kinder großzog, ist gleichzeitig ihr Zuhause. In einem Teil des Speiseraums liegt das halboffene Wohnzimmer, in das sich auch Gäste setzen können, wenn sie wollen. Familienoberhaupt Ásbjörn hat sich den Tisch neben dem großen Holzschrank erobert, dort sitzt er abends meist bei einem Glas Malzbier und stöbert in den Zeitungen.

Während sich Eva gemeinsam mit ein paar Angestellten um die Küche und das Hotel kümmert, tüftelt ihr Mann meist in der Heringsfabrik. Sie ist seine Baustelle – und eine Lebensaufgabe. Das neunzig Meter lange Gebäude wurde in den dreißiger Jah-

Links: Das Hotel von Eva und Ásbjörn;
oben: Blick auf den Ort Djúpavík und die alte Fischfabrik

ren errichtet, als Heringsschwärme in die Region zogen. So stand in Djúpavík, was »tiefe Bucht« bedeutet, 1935 das größte Betongebäude Islands. Mit modernsten Maschinen stellten die Arbeiter Fischmehl und Öl her, das gefilterte Öl lagerte anschließend in den drei riesigen Tanks, die zusammen rund 5600 Tonnen fassen können.

Djúpavík war in den Boomjahren ein belebter Ort. Rund 150 Menschen waren rund um die Fabrik beschäftigt. Die Arbeiterinnen salzten im Freien den Hering und wohnten im heutigen Hotelgebäude. Es gab eine Kantine und Bäckerei, im Herbst nutzten die Bauern nach dem Schafabtrieb die Fabrik gelegentlich als Schlachterei.

Doch nach zwanzig Jahren verschwand der Hering genauso plötzlich, wie er auftauchte. Seitdem war Djúpavík wie ausgestorben, und als Ásbjörn den Ort in den achtziger Jahren das erste Mal besuchte, lag alles brach. Sein Großvater hatte hier früher gelebt, nun wollten er und seine Frau sich in der Einsamkeit eine neue Existenz aufbauen – und machten das ehemalige Arbeiterinnenhaus zum Hotel.

Auch wenn die Heringsschwärme abgezogen sind, am Morgen liegt immer etwas davon auf dem Frühstücksbuffet. Und natürlich ist das Silber des Meeres auch Teil des Fischbuffets, das an diesem Samstagabend für die Gäste bereitsteht. In einer Schale schwimmt er pur, in einer anderen suhlt er sich in einem Currybad. Außerdem wird eine Fischsuppe serviert und in Auflaufformen frisch gefangene Miesmuscheln, feinster butterweicher Lachs, dazu Fischfrikadellen und Kabeljau, für den die Isländer ja sogar schon Kriege führten.

Wo alles verarbeitet wird, was das Meer bringt, gibt es selbstverständlich eine eigene Fisch-Kochsendung. In ›Fagur fiskur í sjó‹ peppt ein Koch die Klassiker mit reichlich Knoblauch, Koriander und Chili auf. Knoblauch scheint das beliebteste Gewürz der Isländer zu sein, es ist so gut wie überall drin. Ganz anders als früher. Eine Deutsche, die vor über sechzig Jahren auf die Insel kam, erinnert sich, dass es hier damals kaum Gewürze gab, auch keinen Tee. Bis heute ist Kaffee das klassische Getränk. Er wird jedem Besucher, der die Türschwelle übertritt, angeboten. Und eigentlich darf man ihn auch nicht ablehnen, wer nur eine kleine Tasse möchte, sagt: »Já takk, en bara tíu dropa« – »Ja, danke, aber nur zehn Tropfen«. Im Hotel Djúpavík stehen heute neben einer großen Kanne Kaffee auch stets heißes Wasser und einige Teesorten bereit.

Tagsüber, wenn die Gäste versorgt sind, setzen sich einige Angestellte sowie Eva und Ásbjörn mit einer Tasse starkem Kaffee auf die Holzbank und blicken auf das Meer, in dem schon Mick Jagger mit seiner Jacht aufkreuzte. »Wird ja auch langsam mal Zeit, dass Mick in den Westfjorden vorbeikommt«, scherzte Ásbjörn damals. An diesem sonnigen Tag schauen sie auf zwei Schafe, die am Strand Seegras knabbern, unweit davon steht ein rot leuchtendes Feuerwehrauto. Zwischendurch fährt Autoliebhaber Ásbjörn, der unter anderem einen alten Mercedes 280 E liebevoll hegt und pflegt, damit durch die Region. Denn sollte es mal einen Notfall geben, wäre dies das einzige Feuerwehrauto weit und breit. Also nutzt er ihn regelmäßig und verbreitet ein Liebesfeuer, wie er es nennt.

Der Sänger der Rolling Stones übernachtete zwar nicht im Hotel, dafür aber der isländische Präsident. »Vor einigen Tagen war der Finanzminister unser Gast«, sagt Eva. Djúpavík ist auf den ersten Blick kein schöner Ort, doch er hat mit seiner maroden Fabrik und dem davorliegenden Schiffswrack (hier übernachteten in den dreißiger Jahren einige der Arbeiter) einen ganz eigenen Charakter, er ist kantig, rostig und hat Charme. Viele Künstler ließen sich davon schon inspirieren: Die Band Sigur Rós, neben Björk der berühmteste Musikexport Islands, spielte in der Heringsfabrik, später kletterten sie in einen der Fischtanks, um die besondere Akustik für einen Song zu nutzen. Sehen kann man dies in der Doku ›Heima‹, die Sigur Rós begleitet, wie sie an exotischen Plätzen Islands unangekündigte Konzerte gaben.

An diesem Samstag klettern Svavar und einige befreundete Musiker aus Australien und Frankreich in den Tank, machen eine spontane Session. Die Fabrik ist längst zu einem Ort der Kultur geworden, neben einer ständigen Ausstellung über die Geschichte des Gebäudes und Dorfes gibt es im dreistöckigen Haus weitere Räume für Kunstprojekte. Das Gelände ist auch ein Abenteuerspielplatz für die Kinder, selbst die Kleinen dürfen im Sommer bis nachts im Freien toben. Es gilt, die wenigen warmen und hellen Tage zu nutzen, bevor die dunkle Zeit kommt.

Am Sonntag wird im Hotel das Kuchenbuffet aufgetischt. Die Schokoladentorte sorgt für einen Zuckerschock, nicht weniger kalorienreich sind die eingerollten isländischen Pfannkuchen, die in einer speziellen Pfanne ähnlich wie Crêpes zubereitet werden. Sie zählen zu den süßen Klassikern, ebenso wie die goldbraunen Kleinur, ein rautenförmiges Schmalzgebäck. »Was sollte ich unbedingt probieren?«, frage ich Sigrún, die im Hotel arbeitet. »Hm, alles ist lecker. Probiere doch von jedem ein bisschen.« Das ist zu viel, aber ich wage mich noch an eine helle, cremige Torte mit Blaubeeren. Unberührt, zumindest von mir, bleiben die Hochzeitstorte und der Fernsehkuchen. Für jede Lebenslage ein Gebäck. Nach so vielen Kalorien gibt's nur eine Lösung – ein langer Spaziergang.

Fernab des Sommerfestes kehrt in Djúpavík langsam wieder Ruhe ein und lässt mich erahnen, wie es hier im Winter sein

Am Wegesrand: isländische Beschaulichkeit in den Westfjorden

wird. Sehr einsam und ruhig. Hotelchefin Eva ist die Frau, die ich bei der Nationen-Versammlung in Reykjavík traf und die sich darum sorgt, dass die einzige Landstraße, die zu ihr nach Djúpavík führt, im Winter nicht mehr geräumt wird. Denn dann sind sie und ihre Familie wieder eingeschneit – und für mehrere Wochen so gut wie von der Außenwelt abgeschnitten. Und das, obwohl ihr Hotel ganzjährig geöffnet hat. Die Straße, eine Schotterpiste mit der Nummer 643, schlängelt sich an den einsamen Küsten entlang.

Auf ihr fahre ich auch nach knapp einer Woche mit Sigrún und ihren Kindern zurück ins fünf Stunden entfernte Reykjavík. Nach einer halben Stunde Autofahrt halten wir an, die Isländerin will mir ihren Lieblings-Wasserfall zeigen. Ihre elfjährige Tochter und der neunjährige Sohn laufen sofort los, klettern auf den höchsten Felsen. Sigrún bleibt entspannt, die beiden wissen schon, was sie können. Stolz winken sie ihrer Mutter vom Gipfel

auf zehn Metern Höhe zu. Bevor es weitergeht, pflücken wir ein paar Blaubeeren, ein willkommener Vitaminschub für die Reise. Dann tuckern wir über die Schotterpiste, nach zwanzig Minuten kommt uns ein Auto entgegen; Sigrún lässt die Fensterscheibe herunter und winkt der Fahrerin zu. »Kannst du das Medikament im Hotel Djúpavík abgeben? Eine Freundin von mir hat es im Auto vergessen.« Die Fahrerin nickt, nimmt es entgegen und dann fahren sie beide weiter. »Kanntest du sie?«, frage ich sie. »Nein, aber das ist Island.«

Am späten Nachmittag erreichen wir das Sommerhaus ihrer Eltern, dort musste sie noch kurz vorbei, weil sie für die Familie ein Abendessen vorbereitet haben. Wie in vielen Feriendomizilen flattert eine isländische Flagge an der Fassade. Auf dem Grill am Balkon brutzelt die Lammkeule, dazu gibt es in Zucker geschwenkte Kartoffeln und viel Salat.

Zumindest die Salatmenge ist untypisch isländisch, noch vor einigen Jahren bestand selbst in Gourmet-Restaurants ein klassisches Gericht häufig aus einer riesigen Portion Fleisch oder Fisch, dazu jede Menge Kartoffeln und vielleicht ein kleiner Klecks Erbsen und Möhren oder zwei Salatblätter. Mit der zunehmenden Ökobewegung wächst allerdings auch in Island die Größe der Gemüse- und Salatportionen. Die Rohstoffe dafür werden importiert oder in Gewächshäusern angebaut. Immer mehr Privatleute züchten ihre eigenen Möhren, Gurken und Kräuter.

Wale bei Nacht

Proppenvoll kugeln wir uns ins Auto, fahren den Hvalfjörður entlang in Richtung Reykjavík. Die Sonne ist inzwischen untergegangen, vor uns taucht eine hell erleuchtete Fabrik auf: eine

Walfangstation. Sigrún fragt, ob ich mir das mal ansehen will. Es ist inzwischen 23 Uhr. Durch alte Lautsprecher ertönt über das weite Gelände blechern Radiomusik. Sigrún läuft mit ihren Kindern und mir auf ein paar Arbeiter zu, die trennen mit einer Art Sense die Fettschichten von der Haut eines Wales. Die Isländerin geht zum Vorarbeiter, erzählt, dass wir nur mal gucken wollen. »Seid ihr auch wirklich nicht von Greenpeace?«, fragt einer der Vorarbeiter. »Nein.« Damit ist die Sache erledigt, wir dürfen auch fotografieren. Das meiste passiert ohnehin im Freien und ist von Weitem einsehbar.

»Ihr seid ein bisschen zu spät«, sagt der Vorarbeiter und führt uns herum. Drei Wale haben sie heute verarbeitet, insgesamt dürfen die Isländer in der Saison 150 Finnwale fangen, sie gelten als gefährdete Art. Vor uns türmen sich riesige Fleischberge auf, mindestens vierzig Tonnen wiegt so ein Säugetier. Die muskulösen Männer in ihren orange leuchtenden Hosen sehen daneben aus wie Kleinkinder. Durch das viele Öl ist der Boden so glitschig, dass wir mehrmals fast ausrutschen, die Arbeiter haben Spikes unter ihren Gummistiefeln. Es riecht streng, ich versuche, meine Nase auszustellen.

Seit 2006 ist in Island der kommerzielle Walfang wieder erlaubt, er bleibt ein ewiges Streitthema mit den anderen Nationen. Für die Insulaner ist es Teil ihrer Kultur, deshalb wollen sie nicht darauf verzichten. Angeblich sollen die Kühlhäuser noch mit dem Fleisch des Vorjahres gefüllt sein, weil es nicht mehr gefragt ist und außer nach Japan in kaum ein Land verkauft werden darf. Trotz des Handelsverbots machen die Isländer weiter: aus Sturheit und manche sagen, auch aus Kalkül, denn sollte es bei den EU-Verhandlungen Streit wegen der Fischereirechte geben – Island wünscht sich da einen Sonderweg –, könnten sie im Austausch für diese Genehmigung großzügig auf den Walfang verzichten. Sigrúns Kinder kümmern sich an diesem Abend nicht um die Beitrittsverhandlungen, sie sind fasziniert von der Station, gehen neugierig herum. Eine riesige, mit Dampf betriebene Säge zerteilt gerade den circa drei Meter langen Unterkiefer eines Wales.

Diese Maschinen gab es schon, als Ólafur Davíðsson, der ehemalige isländische Botschafter in Berlin, als junger Mann dort zwei Sommer lang arbeitete. »Es war ein gut bezahlter Job«, erinnert sich der heute 68-Jährige, »und nach einer Woche nimmt man den strengen Geruch auch nicht mehr wahr.« Trotzdem verbat ihm seine Mutter, am Ende des Sommers die Kleidung mit nach Hause zu bringen. Er musste die Sachen verbrennen. Fast vier Monate jobbte Ólafur mit 19 und 20 Jahren bei der Walfangstation in Achtstundenschichten. Acht Stunden arbeiten, acht Stunden Pause, und dann wieder von vorne. Damals zerteilten sie bis zu 400 Wale in einer Saison. Die Fabrik war wie ein Dorf, hundert Personen gehörten dazu, die Truppe schlief in alten Baracken.

Noch heute erinnern Ausdrücke wie »hvalreki« daran, was die Kolosse für die Menschen einst bedeuteten: »Hval« heißt Wal,

und »reki« ist das Strandgut. Es meint »Glück haben« im Sinn von: etwas Überraschendes bekommen. Früher wurden die großen Säugetiere manchmal an den Küsten angeschwemmt, dann hatten die Isländer für eine Weile genügend zu essen.
Ende des 20. Jahrhunderts war Walfleisch auch bei den Isländern nicht mehr sonderlich populär, doch mittlerweile wird es wieder gerne in Gourmet-Restaurants ebenso wie in kleinen Hafenrestaurants als Delikatesse serviert. Kjartan, Inhaber des anfangs erwähnten Sægreifinn (Seebaron), macht sich sogar einen Spaß aus dem Wal-Disput. Sein Werbeslogan lautet: »Moby Dick on a Stick«. Dazu sieht man ein Foto vom alten Fischer, wie er freudestrahlend zwei Spieße mit Walfleisch in die Höhe hält. Kjartan verkauft es in seinem rustikalen Laden, an dessen Wänden neben Fischernetzen und vergilbten Bildern aus der Seefahrt auch eine ausgestopfte Robbe hängt. Das dunkelrote Walfleisch schmeckt übrigens ein bisschen wie Wild, kräftig, aber auch nicht umwerfend.

Öliges Wundermittel

Was den Walfang angeht, sind sogar die Isländer selbst geteilter Meinung. Es gibt allerdings eine andere Tradition, an der fast alle Inselbewohner festhalten: die täglich Portion Lebertran. Von klein auf nehmen die Isländer ihn zu sich. Die Älteren bekamen das ölige Wundermittel in der Schule noch mit einer Kanne in den Mund geschüttet, später verteilten die Lehrer ihn dann löffelweise, heute konsumieren ihn Jung und Alt zu Hause. Auch Borghildur, meine Vermieterin in Reykjavík, schwört auf die Kraft des Lýsi, wie er genannt wird. Angeblich haben sie es dem Lebertran zu verdanken, dass sie so stark und gesund sind. Schließlich enthält er die wertvollen Omega-3-Fettsäuren und hat einen hohen Vitamin-A- und -D-Gehalt. Lýsi gilt neuerdings auch als natürliches Antidepressivum, das gerade in den dunklen Wintern bei Lichtmangel hilft.

»Ich bin nie erkältet oder krank«, sagt die zarte Borghildur. Sie holt aus dem Kühlschrank eine Flasche mit ihrem goldgelben Elixier. Gewonnen wird es aus der Leber vom Hai, Seelachs oder Kabeljau. Borghildur träufelt mir einen Löffel voll und stellt ein kleines Glas Beerensaft daneben. Lýsi schmeckt wie das, was es ist: fischiges Öl. Weich, samtig und fies im Nachgeschmack. Der Saft vertreibt ihn und verhindert, dass man den ganzen Tag davon aufstoßen muss.
Lebertran ist gar nicht so schlimm, denke ich, also kaufe ich mir auch eine Flasche vom Seelachs-Lýsi und nehme morgens brav einen großen Löffel. Doch am dritten Tag gebe ich wieder auf. Mir ist ständig schlecht, und dann hält er sich doch, dieser fiese Nachgeschmack. Wie sich später herausstellte, hatte ich zu viel genommen. Denn der Seelachs- ist stärker als der Kabeljau-Lebertran, den die meisten nehmen. Also wähle ich die Alternative, die auch immer mehr Isländer nutzen: die Kapseln. Für einen Monat will ich es ausprobieren. Schauen, ob diese isländische Tradition mich stärker macht, gesund hält. Ich gehe zu Melabúðin, einem beliebten kleinen Reykjavíker Lebensmittelladen, in dem neben Schafsköpfen und Sülzen auch viel frischer Lachs an der Theke verkauft wird. »Was soll ich denn als Anfänger nehmen?«, frage ich eine der Verkäuferinnen. »Nimm mal die Kabeljau-Pillen, die vom Hai sind zu stark.«
Sie holt ein Glas mit den gelblich glänzenden Kapseln aus dem Kühlregal, es steht direkt neben Käse und Joghurt. Seitdem nehme ich jeden Tag Lebertran zu mir, im darauffolgenden

Winter, als in Deutschland alle um mich herum ständig erkältet sind, bleibe ich gesund. Lebertran soll übrigens auch kreativ machen, vielleicht gibt es deshalb in Island so viele Künstler.

8 Ausgehen

Erinnere dich an das Abenteuer, nicht an das Ende.

Tobba Marinósdóttir,
Lifestyle-Autorin

Ein Raum so berstend voll, dass der Schweiß von der Decke perlt, laute Musik, die im Körper vibriert, und Gäste, die so ausgelassen tanzen, dass sie anderen dabei ihre Biergläser fast ins Gesicht schlagen. Für uns hört sich das nach einer wilden Party an, für Isländer ist es ein normaler Samstagabend.
Das Highlight des Reykjavíker Nachtlebens war stets die Bar Sirkus. Auf knapp dreißig Quadratmetern quetschten sich dort am Wochenende viele Künstler und Musiker, die Bar war ihr kreativer Mikrokosmos. Den einen Abend legte Krummi von der Hardrock-Band Mínus die übelsten Achtzigerjahre-Schnulzen auf, in einer anderen Nacht präsentierte Stephan von Gus Gus seine Bassdrum-Sound-Installation, mal spielte Björk ihre liebsten Heavy-Metal-Platten.
Gefeiert wurde in Island immer schon zu jedem Sound, da sind sie schmerzlos. Und je höher der Alkoholpegel, desto halsbrecherischer wurden die Tänze auf den wackeligen Stühlen und Tischen. Inhaberin Sigga Boston (sie lebte mal in Boston), sah das zwar nicht gerne, ließ die Feiernden aber wohl oder übel gewähren. Denn auch die DJs und Sänger sprangen auf die Tische oder den Tresen. Wenn Sigga dann in den frühen Morgenstunden heftig mit dem Löffel auf einen Topf schlug, ging das

Das legendäre Sirkus bei Nacht

Fest zu Ende, und die berauschten Gäste waren wieder ihrem eigenen Schicksal überlassen. Meist nur widerwillig schlichen oder torkelten sie aus dem kleinen, mit Südseemotiven bemalten Haus und überlegten, wie es nun weitergehen soll: noch einen Hot Dog essen? Am Meer frische Luft schnappen? Mit der neuen vs. alten Eroberung nach Hause gehen oder doch lieber in eine andere Bar ziehen?
Das Sirkus lag im Klappastígur, einer Seitenstraße der Lebensader Laugavegur. Es ist jene Bar, die im Januar 2008 schließen musste, weil Investoren groß bauen wollten, und die dann noch mal für die Kunstmesse »Frieze« kurz zum Leben erweckt wurde. So konnte auch das Londoner Publikum spüren, wie es ist, in einer Bar im dichten Gedränge auf isländische Art zu feiern.
Dazu gehört, dass Männer schon mal ihre T-Shirts ausziehen, wenn es ihnen zu heiß wird. »Anders ist die Hitze nicht auszuhalten«, sagt Egill Sæbjörnsson, der dann wie viele andere mit

nacktem Oberkörper weiterfeiert. »Leider hat sich diese Tradition nicht auf die Frauen übertragen«, sagt der Musiker. Doch deren Outfits sind ohnehin meist sexy und knapp. Wie so ein Abend im Sirkus aussah, kann man sich übrigens in Björks Video »Triumph Of A Heart« ansehen. Der Song gehört zum A-cappella-Album ›Medúlla‹, auf dem der Popstar gemeinsam mit Freunden und Bekannten die Lieder einsang. Bei diesem Video summt und tanzt auch Egill mit – allerdings angezogen.
Nachdem die Bar Sirkus schließen musste, gründete Sigga Boston auf dem Laugavegur einen neuen Club: Boston. Er ist sehr beliebt, aber gediegener. Das Publikum ist ähnlich geblieben, und so wird hier ebenfalls feuchtfröhlich gefeiert.
Am Abend eines 17. Juni war ich mit einer Freundin dort: Hekla. Sie ist eine von denen, die nach dem Vulkan benannt wurden. Wir saßen gerade in der oberen Etage auf einer gemütlichen Couch und plauderten, als Popstar Björk mit ihrem Mann Matthew Barney, einem namhaften amerikanischen Medienkünstler, hochkam. Sie trafen einige Freunde, redeten und tranken Bier, rund zwanzig Leute standen nun oben. Es war 22 Uhr, also noch sehr früh. Hekla kennt Björk und Matthew, begrüßte sie auf dem Weg zum Balkon kurz. Ich hielt mich zurück. Es war spannend, die kleine, zierliche Frau in ihrem heimischen Umfeld zu beobachten. Da in Island viele expressiv gekleidet sind, fällt Björk dort kaum auf. Nach ein paar Drinks fingen sie und ihre Freunde an, traditionelle Songs zu singen. Der 17. Juni ist der Nationalfeiertag der Isländer. Während die anderen so schön sangen, wie sie nur konnten, grölte Björk die Lieder lautstark. Hier muss sie niemandem etwas beweisen.
Isländer feiern gerne, und grundsätzlich ist für sie alles eine Party: sei es nun ein spontanes Singen mit Freunden am Nationalfeiertag, eine kleine Geburtstagsfeier zu Hause oder eine Nacht im brechend vollen Club. Jeder Abend wird zum Event ge-

macht, und ein rauschendes Fest adeln Isländer damit, dass sie auf den Tischen tanzen. Mittlerweile ist das zwar in einigen Clubs verboten, doch wann immer sie die Gelegenheit haben, hüpfen die Isländer auf große und kleine Tische. Und wenn die Decke so niedrig ist wie damals an einigen Stellen im Sirkus, können sie sich dort abstützen.

Keine Bar habe den Charme des Sirkus, sagen viele noch Jahre später, doch natürlich gibt es in 101 Reykjavík einige weitere gute Clubs und Bars. Im Bakkus treten zum Beispiel angesagte DJs auf, nebenbei kann man am Automaten Passfotos machen; im Ölstofan treffen sich die Literaten zum Bier, und im Dillon legt seit Jahrzehnten eine inzwischen 62-Jährige Rockmusik auf.

Damit es den Isländern nicht langweilig wird, hoppen sie meist von einer Location zur nächsten. Sie sind ja eh nur ein paar Häuser voneinander entfernt. Während die einen über den beheizten Bürgersteig des Laugavegur schlendern, schleichen die anderen mit ihren Autos über die Einbahnstraße. Besonders bei Jugendlichen ist das »rúntur«, das Cruisen mit den Autos, beliebt. Sie drehen die Musik so laut auf, dass die Bässe wummern, und verstopfen den Laugavegur, weil sie ständig jemanden treffen, mit dem sie schnell noch ausmachen, wo man sich später trifft. Auch in Akureyri ist das rúntur eine beliebte Freizeitbeschäftigung. Da die Innenstadt so klein ist, fahren sie eben immer im Kreis umher. (Auch die Rundtour von Bar zu Bar wird als rúntur bezeichnet.)

New Yorker Feeling auf dem Dorf

Gefeiert wird selbst in Dörfern wie Flateyri, dem fernen Ort in den Westfjorden mit der Fischfabrik. Tagsüber ist es dort so ruhig, dass man selbst den Flügelschlag der Raben hört. Vielen

Europäer kommt schon Reykjavík wie ein Provinznest vor, doch Flateyri mit seinen 300 Einwohnern ist da die pure Einsamkeit, besonders im Winter, wenn meterhoher Schnee den ganzen Fjord bedeckt, gibt es kaum einen ruhigeren Platz. Damit die Gäste in die einzige Bar gelangen können, müssen die Betreiber nachmittags den Eingang freischaufeln.
Für Mittwoch ist in der Bar Vagninn (der Wagen) die Dorfband angekündigt, sie soll um 21:30 Uhr auftreten. Da in Island alles immer mit viel Zeitverzögerung anfängt, komme ich extra eine Stunde später und bin trotzdem einer von gerade mal vier Gästen. Noch lässt sich die Band nicht blicken, nur der Brite, der neu nach Flateyri gezogen ist und die Musiker mit seinen Bongos unterstützen wird, trudelt ein. An den Wänden hängen Hunderte Fotos, es scheint so, als sei hier jeder Gast abgelichtet worden, der jemals diese Bar betreten hat. Nach und nach tau-

Trinkkultur

Die Trinkkultur hat sich anders als bei uns entwickelt. Früher gab es in Restaurants und Bars nur die harten Alkoholika – Schnaps, Absinth und Whisky; der Bierausschank wurde erst am 1. März 1989 erlaubt. Es war sozusagen ihr »Wendejahr«, und das wird jedes Jahr erneut mit dem Bier-Tag zelebriert. Obwohl die »Wende« vor über zwanzig Jahre kam, haben sich die Partygewohnheiten seither nicht wesentlich verändert.
Noch immer trinkt man gerne das harte Zeug, unter anderem einen ziemlich starken Lakritzschnaps namens Ópal. Bier wird zusätzlich konsumiert.

chen die Menschen auf, die ich mir zuvor auf den Fotos angesehen habe. Einer, er ist der Lehrer im Ort, führt mich zu seinem Bild und erklärt anschließend, wer die anderen sind. Ein paar Gespräche und Getränke später ist die Bar prall gefüllt.
Teenager feiern im Vagninn gemeinsam mit ihren Lehrern und dem Großvater. Eine Isländerin sagte mir mal, dass es normal sei, als Schüler seinen Lehrer zum Geburtstag einzuladen. Es sei sogar cool, wenn sie kommen. Hier allerdings verdrehen einige Teenager die Augen, als sie sehen, wie der angetrunkene Lehrer heftig Frauen anflirtet.
Rund hundert Leute tummeln sich nun in der Bar. Viele von ihnen haben schon zu Hause »vorgeglüht«, denn Alkohol ist in Island sehr teuer. Gegen Mitternacht fängt in Flateyri die Band an, Sänger ist der Vorarbeiter aus der Fischfabrik. Isländer sind für Musiker ein dankbares Publikum, sobald ein Lied gespielt wird, tanzen sie. Und da diese Dorfband viele heimische Klassiker covert, grölen alle lautstark mit. Sie hüpfen, tanzen, brüllen, einer fällt um, wird von den anderen hochgezogen, ein anderer stemmt seinen Kumpel in die Höhe. In den Pausen ziehen sich die Frauen mehrmals ihren Lippenstift nach. Selbst auf Dorfpartys stylen sich viele Isländerinnen, als gingen sie zu einem hippen New Yorker Event, stapfen mit High Heels und Minirock durch den knietiefen Schnee.
Mittlerweile kenne ich das ganze Dorf, die Hälfte hatte mir Jóhanna tagsüber schon beim Besuch der Fischfabrik vorgestellt. Die dortige Kantine dient als das inoffizielle Café von Flateyri, weil im Winter sonst außer der Tankstelle nichts geöffnet hat. Der Vagninn-Wirt Diddi, der eigentlich Journalist ist und vor kurzem mit seiner Frau und den Kindern von Reykjavík in die Heimat zurückkam, sitzt dort ebenso wie einige andere Dorfbewohner. Diddis Bruder Teitur leitet die Fischfabrik, er ist in dieser Nacht auch in der Bar Vagninn und hat sich inzwischen von

der Geburtstagsüberraschung erholt, die seine Belegschaft ihm tagsüber präsentierte.
Sie lotsten Teitur an eine Stelle in der Fabrikhalle, wo er vermeintlich sein großes Präsent auspacken sollte. Als er dort ankam, schütteten sie aus zehn Metern Höhe einen 200-Liter-Bottich mit kaltem Wasser über ihm aus. Das Ganze wurde gefilmt. Teitur kann herzlich darüber lachen, so ein Geschenk bekommt schließlich nicht jeder zum dreißigsten Geburtstag.
Gegen ein Uhr nachts taucht auch Bjarni Skór im Vagninn auf, der Künstler, der vor einigen Monaten nach Flateyri gezogen ist. Die Gemeinschaft hat ihn längst aufgenommen, auch er ist regelmäßiger Gast im Café der Fischfabrik und genießt bei einer Tasse Filterkaffee die Stille des Dorfes. Das Tempo ist hier ein anderes, sagt er. Selbst wer tagsüber nicht beim Geburtstagsstreich dabei war, wusste abends davon – durch Facebook. Um vier Uhr morgens schließt Vagninn, dann schleichen die meisten nach Hause. Nur Bjarni und ein paar andere feiern bei ihm weiter. Sein Haus hat er zwar noch nicht fertig renoviert, doch die Küche ist gemütlich, also dreht er für seine vier Gäste die Musik auf und trommelt auf seinen Bongos (anscheinend ein beliebtes Instrument für Neunankömmlinge in Flateyri) bis in die Morgenstunden.

Party bei den Kennedys von Flateyri

Am nächsten Tag lädt Teitur seine Familie und einige Freunde zur Geburtstagsfeier ein. Er hat zwar auch eine eigene Wohnung im Dorf, doch da die zu klein wäre, feiern sie lieber im Haus der Eltern. Nach dem Tod seines Vaters übernahm er die

Im Einsatz: die Elektropopband FM Belfast

Leitung der Fischfabrik. Die Familie lebt am Ende des Ortes, in Sólbakki, wo sich früher die alte Fischmehlfabrik befand. Ihr Haus liegt an einem Hang, von dem aus man einen wunderschönen Blick auf den Fjord und die beschauliche Ortschaft hat. Bjarni und ein Freund aus Reykjavík nennen Teiturs Familie scherzhaft die Kennedys von Flateyri.

Wie bei jeder Privatparty stolpert man am Eingang erst mal über einen Berg von Schuhen, auf Socken laufen die rund vierzig Gäste nun durchs Haus. Die Mutter ist eine gute Freundin von Jóhanna, die wiederum mit Teiturs Vater verwandt war. Sie ist seine Tante. Außer ein paar Freunden, die extra aus der Hauptstadt angereist sind, kommen die meisten Gäste aus dem Dorf.

Den ganzen Abend über gibt es viele Reden: seine Mutter, seine Schwester, der vielleicht zukünftige Bürgermeister, ein alter

Benefizkonzert der besonderen Art

Die Isländer sind bei ihren Partys – die durchaus auch einen ernsten Hintergrund haben können – erfinderisch. Vor einigen Jahren organisierten einige Freunde für einen leukämiekranken Musiker in Reykjavík ein Benefizkonzert. Es wurde, na klar, recht kurzfristig angeleiert. Leuchtend gelbe Plakate machten Werbung für das »Minifestival«, wie sie es nannten. Acht Bands spielten im Iðnó, der Sänger der Hardrockband Reykjavík! schrie sich mal wieder die Seele aus dem Leib, und die Musiker von HAM, einer in Island legendären Gruppe, die eigentlich nicht mehr existiert, traten auch noch mal gemeinsam auf. Jede Gruppe spielte vier, fünf Lieder – das alles wurde gefilmt und live ins Krankenhaus übertragen, wo Úlfur Chaka Karlsson in seinem Bett lag. Das Eintrittsgeld sammelten die Künstler für die Familie, die auf der Suche nach Heilung viel Geld ausgegeben hatte. Ihr Minifestival war auch eine Art große Hochzeitsfeier, denn Úlfur hatte an jenem Morgen seine Freundin geheiratet. Zwei Tage später starb der Musiker im Alter von 31 Jahren, aber erst, nachdem sich alle Freunde und seine Heimatstadt laut und wild von ihm verabschiedet hatten.

Schulfreund – und dann wird noch der Cousin aus Uganda per Skype zugeschaltet (er ist Jóhannas Sohn). Anschließend veranstalten die Studien- und Schulfreunde Ratespiele, bei denen zwei miteinander konkurrierende Teams prüfen, wer Teitur besser kennt. Als Höhepunkt wird das Video gezeigt, das die Mitar-

beiter der Fischfabrik von seiner 200-Liter-Dusche machten. (Kurz darauf steht der Film auch im Internet.) Zwischen dem Entertainment-Programm finden die Isländer immer wieder Zeit, eine Zigarette zu rauchen.
Jóhanna zeigt mir im Haus einige Familienfotos, auch alte Schwarzweiß-Aufnahmen der Fischmehlfabrik und historische Bilder des Tanks, der nun zum Tonstudio umgebaut wurde. Der runde Fischtank von 1925, in dem einst Heringöl gelagert wurde, befindet sich direkt neben dem Wohnhaus. Und da dessen Betreiber Önundur auch gerade auf der Party ist, geht er mit mir mal eben vorbei. Sein jüngerer Bruder Halldór greift derweil auf der Party zur Gitarre, er ist professioneller Musiker und spielt in zwölf Bands. Sobald Halldór ein Lied anstimmt, singen die Gäste mit. Einige glauben, dass die Liebe zum Singen ein Teil ihrer irischen Wurzeln ist.

Erst Sex, dann Kaffee trinken!

Wo die Verbundenheit und Nähe einer Gesellschaft so groß ist, läuft auch das Kennenlernen meist anders ab: Man sieht sich in einem dicht gedrängten Club oder auf einer Privatparty, plaudert kurz und landet dann oft im Bett. Vom Sehen her kennen sich ohnehin viele, ansonsten können Freunde oder Kollegen die neue Bekanntschaft einordnen – durch den Beruf, die Familie oder aus Schulzeiten. Nach einer gemeinsamen Nacht tauschen manche noch nicht mal Telefonnummern aus, man sieht sich ja eh wieder. Und landet erneut im Bett. Wenn es dann richtig ernst wird, gehen die beiden auch mal einen Kaffee trinken.
»Wir haben keine richtige Dating-Kultur«, gibt auch Davíð, ein Mittvierziger, zu. Und illustriert es zum Spaß: »Wir greifen sie

einfach am Arm, und los geht's.« (Das praktizieren die Frauen übrigens ebenfalls.)
Diese Strategie versuchen sie überall und jederzeit. Im kurzen Sommer, wenn es 24 Stunden am Tag hell ist, können sich die Isländer nicht so leicht in einer dunklen Ecke verstecken und unbeobachtet anbandeln. Es sei denn, man bleibt trotz guten Wetters im Club, anstatt wie die anderen davorzustehen. Die heruntergezogenen Jalousien sollen drinnen für ein wenig Nachtstimmung sorgen.

In einer hellen Juninacht saß ich mit acht Isländern an einer langen Bierbank, sie stand im Reykjavíker Hinterhof. Die Gruppe veranstaltete mehr oder weniger lustige Trinkspiele. Es war schon fast Mitternacht, auch wenn es sich bei strahlendem Sonnenschein nicht danach anfühlte. Der Isländer neben mir war um die dreißig, er arbeitete eigentlich in Italien und befand sich gerade auf Heimatbesuch. Er sah gut aus, war aber sehr betrunken, lallte. Wir hatten bisher kaum miteinander gesprochen. »Du bist sooo hübsch, ich will dich küssen!«, sagte er zu mir. Ich schüttelte verneinend den Kopf, lächelte aber freundlich zurück und tippte weiter meine SMS fertig. »Wem schreibst du? Ich beneide ihn so sehr«, und dann fügte er hinzu: »Ich möchte Sex mit dir haben.« Kurz darauf flüchtete ich ins Wohnhaus der Gastgeber, erzählte es einer Freundin. Sie sagte nur: »Ach, der. Der ist einer der besten Cellospieler Islands, er ist sicher gut im Bett. Wenn ich nicht liiert wäre, würde ich gerne die Nacht mit ihm verbringen.« Da ich damals Single war, hätte ich es durchaus ausprobieren können, doch wer einigermaßen bei Sinnen ist, geht nicht mit einem lallenden Mann ins Bett. Dachte ich. »Wenn er ein netter Kerl ist, spricht doch nichts dagegen«, meinte die Freundin.

Genauso viele Geschichten, Klischees und Mythen, wie es über den Popstar Björk gibt, ranken sich auch um das Nachtleben. Spätestens seit Hallgrímur Helgason ›101 Reykjavík‹ veröffentlichte und das Buch im Jahr 2000 verfilmt wurde, strömen viele Touristen in die Hauptstadt, um das promiskuitive Feiern der Isländer zu erleben – und vielleicht sogar daran teilzuhaben. Zeitweise warb eine isländische Fluggesellschaft mit doppeldeutigen Werbeslogans wie »One-Night-Stand in Island«. Ein isländischer Reiseführer spielt ebenfalls damit, indem er bei den

Die Partybar aus dem Film ›101 Reykjavík‹

zehn beliebtesten Dingen, die man in Island tun kann, als neunten Punkt »Einen Isländer ins Bett kriegen« auflistet.
Auch Quentin Tarantino, der mehrfach zu Besuch war, schwärmte schon in amerikanischen Late-Night-Shows von den hübschen und ekstatischen Isländerinnen, die lasziv auf den Tischen tanzen. »Normalerweise versuchen wir in Amerika, die Frauen so betrunken zu machen, dass sie mit einem nach Hause gehen. In Island musst du die Mädels nach Hause bekommen, bevor sie so betrunken sind, dass sie umkippen oder dich vollkotzen. Das ist der Trick«, verkündete der ›Pulp Fiction‹-Regisseur im US-Fernsehen. Und machte sich damit nicht gerade viele Freunde in Island. Auch die Tatsache, dass er in Reykjavík eine Party organisierte, zu der nur die Frauen freien Eintritt hatten, fanden nicht alle toll.
Die Isländer reißen selbst Witze darüber, wie lässig und wild es bei ihnen zugeht. Sobald dies jedoch ein Ausländer feststellt, sind viele pikiert. Auch ich kann Tarantinos Beschreibung nicht wirklich teilen, denn die meisten meiner Freunde trinken am Wochenende nicht so viel, dass sie umkippen. (Vielleicht sind sie auch schon zu alt.) Also zitiere ich lieber noch einen Isländer, Hallgrímur Helgason, der mit seinem Roman das Ganze ja ins Rollen brachte. Er beschrieb das Reykjavíker Nachtleben für das Reisemagazin ›Merian‹ mal so: »Wilde Wochenenden waren auch ein notwendiges Mittel der Fortpflanzung: Bis Ende des 20. Jahrhunderts wurde mehr als die Hälfte der isländischen Bevölkerung am Sonntagmorgen zwischen drei und sechs Uhr gezeugt.« Damals schlossen die Bars noch um drei Uhr nachts. »Korter í þrjú«, Viertel vor drei, ist bis heute die gängige Umschreibung für die letzte Chance, in der Nacht einen Lover zu finden.
Eines ist zumindest allen Isländern bewusst. Sie werden ihrer nächtlichen Eroberung garantiert wieder über den Weg laufen,

genauso wie den Exbeziehungen ihrer Partner. »Anfangs ist man natürlich schon eifersüchtig«, gibt Þorbjörg Marinósdóttir zu, »doch das ist Island. Was kann man da schon machen?« Die 26-Jährige wird Tobba genannt und ist so etwas die die Carrie Bradshaw Islands. Ähnlich wie die Hauptfigur aus ›Sex & the City‹ schreibt sie Kolumnen und Bücher über das Daten und die Liebe. Die blonde Isländerin ist perfekt frisiert und geschminkt; sie trägt einen lässigen schwarzen Pulli, dazu eine hautenge Jeans, Nylonsocken im Tigerlook und Stilettos.

Wenn Tobba über ihren Freund Karl redet, könnte man glauben, die beiden wären schon seit einigen Jahren ein Paar – tatsächlich sind sie gerade mal anderthalb Monate zusammen. Ihren Freund hat sie indirekt über den Job kennengelernt. Tobba war zu der Zeit noch Redakteurin beim Klatschmagazin ›Séð og heyrt‹ (Gesehen und gehört), das eine Geschichte über die neuen Abgeordneten im Stadtrat machte. Der Komiker Jón Gnarr und seine Kollegen wurden mit ihren Partnern vorgestellt. Nur einer, Karl Sigurðsson, hatte keine. Also titelte ihr Magazin als Unterzeile zum Foto »Frau gesucht«.

Kurz darauf traf Tobba ihn zufällig in der Bar Ölstofan, sprach ihn scherzhaft an. »Na, hast du deine Frau schon gefunden?« Eigentlich wollte sie Karl mit jemand anderem verkuppeln, doch dann waren sie plötzlich ein Paar. Der Facebook-Status wurde von »Single« zu »in Beziehung« geändert. Und Karl überprüfte auf der Website des Íslendingabók den Verwandtschaftsgrad. »Wir sind fast gar nicht verwandt«, teilte er ihr begeistert mit. »Wir können also problemlos Kinder bekommen.« In Island bindet man sich schnell. Nach zwei Wochen berichtete bereits die Presse über das neue Paar. Hier kommt eben alles heraus.

Tobba hat sich intensiv mit dem Thema Dating beschäftigt, vor einem Jahr brachte sie mit ›Makalaus‹ den ersten chic-lit-Frauenroman heraus. Die Hauptfigur ist geprägt von den Erlebnis-

sen Tobbas und ihren Freundinnen. Sie beschreibt ihr Liebesleben und -leiden in allen Einzelheiten, man erfährt von Affären mit verheirateten Mittvierzigern, dem Diätfrust. In ihrem Vorwort schreibt sie für alle gefrusteten Singles: »Erinnere dich an das Abenteuer, nicht an das Ende.« Außerdem gibt sie in dem Buch Beauty-Tipps – zum Beispiel eine Gurkenmaske für empfindliche Seelen und das Hühnchen-Rezept »Mangoverrücktheit« gegen Depressionen und Männerprobleme.
Der Roman wurde ein Bestseller und sogar mehr von Männern als Frauen gelesen. Nun bekommt Tobba täglich E-Mails mit Fragen. Denn auch wenn das Kennenlernen in Island an sich sehr unkompliziert ist, wissen nicht alle, wie sie die Angebeteten für sich gewinnen sollen. Was sie zum Date mitnehmen und was man überhaupt machen könnte – außer direkt wieder Sex zu haben. Ihre Tipps sind im Grunde sehr einfach: Bringt eine Blume mit, führt sie zu einem schönen Essen aus. Sie selbst hat bei ihrem ersten Date mit Karl stundenlang Karten gespielt. Die Dating-Expertin gibt ebenfalls Tipps für Paare: »Macht eine kleine Party beim DVD-Abend«, sagt sie. »Ich setze mich mit Freunden manchmal verkleidet vor den Fernseher. Zum Spaß, weil es dann anders ist.«

Tobbas erstes Buch wird gerade als Sitcom verfilmt, und sie stellt ihr zweites Buch fertig: Es ist ein Dating-Handbuch mit praktischen Tipps. Darin steht unter anderem, wie man einen Partner erobern kann, wie Chlamydien zu bekämpfen sind und wie man den Mann im Notfall auch wieder loswird. Das Nachtleben biete natürlich immer viele Möglichkeiten des Kennenlernens, sagt Tobba. Die 26-Jährige ist froh, dass es heute Facebook gibt. Früher hatte man vielleicht eine Nummer und einen Namen auf einem Zettel stehen, aber keine Ahnung mehr, wie der Typ aussah, erinnert sie sich. Heute postet jeder beim Online-Netzwerk Fotos von sich. »Da du dort auch seine Freunde siehst und oft jemanden kennst, kannst du die nach dem Schwarm ausfragen«, erzählt Tobba. »Dann weißt du sofort, wer seine Exfreundinnen sind und ob er vielleicht einen Fußfetischismus hat.«

Informationspool Frauentoilette

Im Zweifel erfährt man das auch auf der Frauentoilette, denn die ist ebenfalls ein guter Informationspool. Hier werden selbst Fremde für kurze Zeit zu Freunden. Was bei uns nur Teenager und eventuell noch Twens tun, passiert in Island auch im höheren Alter. Frauen schminken sich gerne mehrfach am Abend nach, man will ja gut aussehen für die wenigen interessanten Typen, währenddessen wird eifrig getratscht. Jeder weiß Neues zu berichten. Wer mit wem? Wer nicht mehr mit wem? Auf der Toilette eines Clubs erfährt man gegebenenfalls die halbe Lebensgeschichte jenes Mannes, der einem gerade am Tresen aufgefallen ist. Möglicherweise ist die Frau, die sich neben einem den Kajal nachzieht, sogar eine seiner Exfreundinnen. Auf dem Dorf sind die Verquickungen natürlich meist enger, aber selbst in Reykjavík passiert das regelmäßig.
Wenn es abends in den Toiletten voll ist, warten die Isländerinnen nicht brav in einer Reihe, sie gehen einfach zusammen. Während die einen pinkeln und lautstark über Privates reden, kontrollieren die anderen ihr Make-up. Im Café Cultura stehen auf der Damentoilette sogar zwei Kloschüsseln direkt nebeneinander, in der Mitte wurde ein Klopapierhalter angebracht.
Die Isländer haben ein anderes Verhältnis zur Nähe und kaum Berührungsängste. Auf einer privaten Sommerparty begleitete mich eine Freundin zum Badezimmer, das in der ersten Etage

des Wohnhauses lag. Als die Isländerin die Tür offen ließ, war ich zwar ein bisschen irritiert, wollte aber nicht so spießig sein. Alle anderen sind ja eh draußen im Garten. Während ich auf der Toilette war und die Freundin im Spiegel ihre Frisur zurechtzupfte, schaute plötzlich ein Mann um die Ecke. Anstatt dass die Freundin die Tür verschloss oder der Typ sich fürs Reinplatzen entschuldigte und ging, blieb er entspannt im Türrahmen stehen, nickte mir zu. »Lass dich nicht stören«, sagte er und fragte mich, wer ich denn eigentlich sei und was ich in Island mache. Sicherlich war das außergewöhnlich, aber irgendwie gehören eh alle zur Familie.

Und da die Familie immer alles mitbekommt, fahren viele Frischverliebte beim ersten Date lieber mit dem Auto durch die Gegend, um sich in Ruhe zu unterhalten. Denn in den Cafés würden sie ja andere treffen. Und da der eine oder die andere

vielleicht noch in einer Beziehung steckt, wäre das eher ungünstig.
Insgesamt lassen sich die Isländer aber ihren Freiraum. Sofern einem nicht gerade die besten Freunde oder engsten Verwandten begegnen, reicht ein kurzes Nicken als Begrüßung. Würden sie mit jedem plaudern, der ihnen über den Weg läuft, kämen sie ja nie voran. Wer es eilig hat, geht durch die kleinen Seitenstraßen.

Schaffe dein eigenes Festival

Neben Dorfpartys und Clubs gibt es auch gefühlt an jedem Wochenende irgendwo auf der Insel ein Festival. Auf der Suche nach einem Event scheuen die Isländer keine Fahrt. Sie feiern nach dem gelungenen Schafabtrieb in Scheunen eine Réttir-Party, zelebrieren fahneschwenkend beim Nationalpark Þingvellir den 17. Juni oder reisen in den Norden zum »Großen Fischtag« in Dalvík. Der Ort mit seinen 1500 Einwohnern will an diesem Wochenende an die alte Seefahrertradition erinnern und serviert allen Besuchern eine kostenlose Fischsuppe, die in einem 1200-Liter-Topf zubereitet wird. Rund 30 000 Gäste kommen hierzu nach Dalvík, einige sind nur auf der Durchreise, andere schlagen über Nacht ihr Zelt auf oder parken ihren Campingwagen am Wegesrand.
Eines der größten Party-Wochenenden ist das Verslunarmannahelgi, das Händlerwochenende. Doch an ein traditionelles Fest wird hier nicht mehr erinnert: Es geht ums Feiern. Die größte Party findet auf den Westmännerinseln statt, deren Bevölkerung sich in diesen Tagen um 10 000 erhöht. Neben vielen Live-

Damentoilette im Café Cultura

bands, Alkohol und Isländern in Lopapeysas gibt es dort nachts stets ein riesiges Feuerwerk zu sehen – Isländer sind verrückt nach Feuerwerken! Da an diesen Tagen viele über die Stränge schlagen und der eine oder andere Unfall passiert, wird im Vorfeld des Verslunarmannahelgi immer zum Blutspenden aufgerufen. In der Hauptstadt selbst ist es am ersten Augustwochenende erstaunlich ruhig.

Dafür gibt es genügend andere Feste, bei denen die ganze Innenstadt gesperrt wird: für das Reykjavíker Kunstfestival, die Gay Pride Parade, die Kulturnacht oder das Musikfestival Iceland Airwaves. Letzteres findet immer im Oktober statt und lockt mittlerweile auch viele Touristen an. Über 150 Bands spielen an fünf Tagen, nicht nur in Clubs, sondern auch im Shop eines Modelabels oder im Plattenladen Smekkleysa. Neben einigen international bekannten Künstlern wie Fatboy Slim, The Hives und The Kaiser Chiefs treten vor allem isländische Bands

auf. Manche von ihnen haben noch nicht mal einen Plattenvertrag und standen vielleicht erst vier Mal vorher auf einer Bühne. Andere, wie die Rockband Dikta, deren Sänger als Arzt im Krankenhaus arbeitet, spielen beim Festival gleich mehrfach. Mal auf der großen Bühne und dann im Smekkleysa, das übersetzt »Schlechter Geschmack« bedeutet und nicht nur ein Plattenladen ist, sondern auch das Label, das Björk in den achtziger Jahren mit ihren Freunden gründete. Zwischen Schallplatten und DVD-Regalen können die Isländer ihre lokalen Stars mit dem Nummer-eins-Album ganz gemütlich performen sehen. Und sind so dicht dran, dass es immer ratsam ist, ein paar Ohrstöpsel dabeizuhaben.

Da alle Konzerte nur wenige Schritte voneinander entfernt sind, lässt sich in kurzer Zeit viel Absurdes, Schräges und Anrührendes entdecken. Es ist ein Musik-Rúntur. Das Repertoire reicht von der angesagten Teenie-Popband Retro Stefson über die Elektrogruppe FM Belfast und die Altstars Gus Gus bis hin zu den Hardrockern von Mínus.

Isländische Events sind immer energiegeladen. Die Bands spielen leidenschaftlich, das Publikum feuert sie an, geht mit – mal abgesehen von Balladen und klassischen Konzerten –, und der Alkohol besorgt den Rest. Zeitweise fand parallel zum Iceland Airwaves auch das Sequences, das Real-Time-Kunstfestival, statt, bei dem rund hundert Künstler ein zweiwöchiges Happening veranstalteten. Ein Kanadier, der auf dem Laugavegur auf Bäume und Häuser kletterte, gehörte ebenso dazu wie wild flackernde Videos an Häuserfassaden, Sound-Installationen in Bars oder die Performance der Invasionistas bei der Kling & Bang Gallerí. Der Künstler Curver organisierte während des Sequences, das kurz vor seinem Umzug nach New York stattfand,

Die Rockband Dikta im Smekkleysa

im Museum einen Flohmarkt, bei dem er all seine persönlichen Sachen verkaufte: Hawaii-Hemden, Mixkassetten, Bücher, den Verstärker und auch sein Auto. Ich kaufte ihm eine Postkarte ab, auf der ein Surver abgebildet war. Die Karte hatte ihm eine Freundin vor Jahren aus dem Urlaub geschickt und diente mir als Isländisch-Übung.
Auch Curvers Bruder Arnar Eggert Thoroddsen, er ist der berühmteste Musikkritiker der Insel, weiß, wie man aus einem normalen Abend ein Happening macht. Vor ein paar Jahren lebte er für eine Weile mit seiner Familie in Berlin. Da in der deutschen Hauptstadt etliche Isländer wohnen, konnte er dort auch heimische Partys veranstalten. Einmal lud er zwanzig Freunde und ein paar Deutsche zu sich ein. Mittendrin stoppte der kräftige, bärtige Mann die Musik und sagte dann mit ernster Miene: »Ich habe euch etwas mitzuteilen.« Und dann sang er voller Inbrunst eine Zeile eines Beastie-Boys-Songs: »The Beastie Boys are coming home.« Es war Arnars Ankündigung seiner Rückkehr nach Island.
Während seiner Berliner Zeit legte er manchmal in der 8mm-Bar als DJ auf. Wenn es ihm zu heiß wurde, zog er sein T-Shirt aus und zeigte seinen behaarten Oberkörper. Da die Bar im Prenzlauer Berg ein beliebter Treffpunkt der Isländer war, taten es ihm einige nach. Irgendwann trauten sich das auch einige Nicht-Isländer. Da sagte Arnar mit ernstem Blick zum Türsteher. »Das sind keine Isländer, die dürfen sich nicht ausziehen.« Der deutsche Türsteher befolgte die Ansage und vergaß dabei, dass man betrunkene Isländer nie ernst nehmen sollte. Denn das sollte natürlich nur ein Spaß sein.

Tanz auf dem Tisch in drei Stufen

Du brauchst: ausgelassene Partymusik, ein volles Haus, Freunde zum Festhalten und/oder Auffangen und einen Tisch.

1. Stufe – für Anfänger (Kniewinkel 150 Grad):
Stelle dich auf einen langen Tisch, die Knie sind im Winkel von 150 Grad. Um einen möglichst festen Halt zu finden, positioniere dich breitbeinig, stelle dein »gutes« Standbein leicht versetzt nach vorne; es ähnelt dem Wellenreiten auf einem Surfboard. Sobald du eine ideale Position gefunden hast, reiß die Arme in die Höhe und tanze ausgelassen. Damit es nicht zu langweilig wird, bitte ein paar Mitfeiernde auf deine Tanzfläche.

2. Stufe – für Fortgeschrittene (Kniewinkel 120 Grad):
Nun schwinge dich auf einen mittelgroßen Tisch, der Platz für drei Leute hat – und lade mindestens vier weitere Partywillige

mit ein. Balanciere jetzt im Winkel von 120 Grad. Es kann natürlich immer passieren, dass du dein Gleichgewicht verlierst. Dann lasse dich wie ein Rockstar in die Menge fallen, und wenn die nicht danach aussieht, als würde sie dich auffangen: viel Glück!

3. Stufe – für Profis (Kniewinkel 90 Grad):
Nach diesen Übungen bist du bereit für das wahre Abenteuer: das Tanzen auf einem kleinen, wackeligen Tisch! Jetzt heißt es, cool bleiben, mit den Knien im Winkel von 90 Grad in die leichte Hocke gehen und sich dann völlig dem Flow hingeben – wie ein echter Surfer. Je höher dein Alkoholpegel, desto besser solltest du dich festhalten. (Kleiner Tipp: An einem Bierglas kann man sich übrigens nicht festhalten.)

19 Relaxen

Das Schwimmen im Meer ist wie eine neue Liebe. Du musst sie immer wieder treffen.

Margrét H. Blöndal, Künstlerin und Nordatlantik-Schwimmerin

Eigentlich sollte man meinen, dass die Isländer bei all ihren Familienverpflichtungen, Kindern und Jobs viel zu busy sind, um sich ausgiebigen Hobbys zu widmen. Doch wie du dir sicher denken kannst, finden sie auch dafür noch Zeit. Wer schnell gelangweilt ist, sucht eben stets nach neuen Herausforderungen. »Wir sind immer aktiv«, sagt etwa Hlynur, und seine Frau Viktoría nickt. Zu ihren liebsten Freizeitbetätigungen zählen Motocross fahren, fantasievolle Möhren züchten, Angeln, Scheunenpartys feiern, Beeren und Pilze sammeln, Bootstouren, Jagen und Häuser verpflanzen.
Seit drei Jahren sind die beiden 37-Jährigen ein Paar, sie kennen sich schon aus Schulzeiten, verloren einander aber zeitweise aus den Augen. Viktoría hat zwei Kinder, Hlynur ebenfalls, nun erwarten sie noch ein gemeinsames. Die Patchworkfamilie lebt in Hólmavík, einem 400-Seelen-Ort im östlichen Teil der Westfjorde. Viktoría arbeitet Vollzeit als Projektmanagerin für die Gemeinde, Hlynur ist leidenschaftlicher Fischer, wenn auch ein seekranker.
Das Haus der Familie liegt auf einem Hügel, von dort haben sie den perfekten Blick auf das gemütliche Dorf und den Steingrímsfjörður. Morgens beim Zähneputzen können sie den Walen zuschauen, wie sie beim Luftholen Wasserfontänen ausstoßen. Vor kurzem wäre einer der Kolosse beinahe gestrandet,

doch Hlynur und andere Fischer fuhren mit ihren Booten los und retteten ihn, indem sie ihn wieder hinaustrieben. Sie wollten kein »hvalreki«, Walstrandgut, sondern lieber einen glücklichen, lebendigen Wal.

In Viktorías und Hlynurs Garage stehen zwei Motocross-Räder. Jetzt, wo die 37-Jährige schwanger ist, muss sie sich ein wenig zurückhalten, doch momentan kümmert sich das Paar hobbymäßig ohnehin um ein ganz anderes Projekt. Mitte Januar heirateten die beiden in einem hundertjährigen Holzhaus bei

Reykhólar. »Die Atmosphäre war so romantisch«, erinnert sich Viktoría. Im Wohnzimmer, das sie zu ihrem persönlichen Traualtar machten, gab es keinen Strom, also stellten sie einfach eine Kerze auf den Tisch.

»Es passten gerade mal unsere Kinder und Eltern hinein, und natürlich der Priester.« Sobald sie sich das Jawort gegeben hatten, lief die kleine Gesellschaft schnell raus, um in der klirrenden Kälte noch ein Hochzeitsfoto zu machen, bevor es wieder dunkel wurde; im Winter geht die Sonne schließlich nur für wenige Stunden auf. Genauso verliebt, wie Viktoría und Hlynur ineinander sind, waren sie sofort in das zweistöckige Holzhaus.

Die Besitzerin wollte es loswerden, also organisierten die Frischvermählten nach ihrer Hochzeitsnacht postwendend

Hlynur, Viktoría und ihr Hochzeitshaus

einen riesigen Anhänger und brachten ihre »Kapelle« – quasi während der Flitterwochen – ins 88 Kilometer entfernte Svanshóll, das dortige Land gehört Viktorías Eltern. Bei minus zehn Grad eskortierte die Polizei das reisende Gebäude auf der spiegelglatten Strecke. An vielen Stellen mussten die Straßenpfosten, schmale gelbe Stangen, entfernt und danach direkt wieder eingesetzt werden.

Nun steht das historische Haus in Svanshóll. Momentan erinnert es allerdings an einen heruntergekommenen Rohbau: »Wenn du uns das nächste Mal besuchst, wird es ganz toll aussehen«, verkündet Hlynur. So zupackend wie die gesamte Familie ist, besteht daran kein Zweifel.

Manche Isländer aus der Region scherzen schon, dass sie sich hier im spärlich besiedelten Tal gerade ein eigenes Dorf bauen. Zu dem gehören bisher neben dem elterlichen Hof auch ein Kuhstall, der zum Gästehaus umgebaut wird, ein Gewächshaus, die Party-Scheune und dahinter eine geräumige Werkstatt. Während Hlynur mich durch das Hochzeitshaus führt, brettert Viktoría mit einem hochglanzpolierten gelben Quad die blü-

Karotten in Love

henden Berghügel hinauf, um dort Blaubeeren für den Nachtisch zu sammeln. Zehn Minuten später begleitet sie uns auf der Tour durch ihr kleines Dorf. Hinter den Häusern steigt stellenweise Dampf empor, das Gebiet ist übersät von natürlichen heißen Quellen. So gedeihen selbst unweit des nördlichen Polarkreises dank der »Erdheizung« in ihrem Garten Pfefferminze, Rüben, Kohl, Brokkoli, Lauch und Karotten prächtig. »Meine Möhren sehen allerdings ein bisschen seltsam aus«, sagt sie und rupft eine heraus. Vielmehr sind es vier miteinander verwachsen Rüben, die einem Kuheuter ähneln. Zuletzt zog Viktoría zwei eng verschlungene Exemplare aus dem fruchtbaren Boden. Jede Rübe ein unfreiwilliges Kunstwerk. Aber wer will schon gerade, normale Karotten?

An diesem Sommernachmittag sind Hlynurs 17-jähriger Sohn sowie Viktorías Sohn und Tochter mit in Svanshóll. Es ist Ferienzeit. Wie die meisten isländischen Kinder sind sie alle vier sehr eigenständig. »Manchmal sind sie den ganzen Tag mit Freunden in den Bergen«, erzählt sie, »doch wir vertrauen ihnen. Und wissen, dass sie nie verhungern werden, schließlich gibt es überall Beeren, Vogeleier, die man im heißen Quellwasser kochen kann, und natürlich Bäche mit frischem Trinkwasser.«

Nun, am frühen Abend, streunen die Kleinen im Garten herum, während Hlynurs Sohn seinem Stiefgroßvater beim Umbau des Kuhstalls hilft. Sie hämmern, schweißen, es gibt keine Nachbarn, die das stören könnte. Neben dem Haupthaus grunzen zwei rotborstige Schweine vor sich hin. »Darf ich vorstellen«, sagt Hlynur: »Das sind Egg und Bacon.« Viktorías Elfjähriger findet sie sehr süß, fragt aber auch gelegentlich, wann sie denn endlich auf dem Teller landen. In ländlichen Regionen wie diesen hat man eine natürliche, unsentimentale Einstellung zum Werden und Vergehen. Das gilt für Lämmer und Wale ebenso wie für die hübschen Papageitaucher. Einerseits sind die

schwarz-weiß gefiederten Seevögel mit ihren orange leuchtenden Schnäbeln eine beliebte Touristenattraktion – ebenso wie die Steilküste bei Látrabjarg, wo Abertausende der etwas tollpatschigen Seevögel an den schmalen Felsvorsprüngen nisten, andererseits stehen die Papageitaucher wie fast alle isländischen Tiere auf dem Speiseplan.
So bekommen Touristen bisweilen einen Schrecken, wenn sie sehen, wie niedliche blonde Kinder mit blauen Kulleraugen die toten Papageitaucher routiniert rupfen – genauso selbstverständlich, wie unsere Dorfkinder ein Huhn schlachten. Ist auf dem Titelbild der Tageszeitung ein blutverschmierter, erschossener Eisbär abgebildet, stehen daneben garantiert ein paar neugierige Kinder.
Hlynur füttert die beiden wohlgenährten Schweine und klopft ihnen auf die Hintern. Für heute bleiben sie verschont. Zum Abendessen gibt es Fisch, den Viktorías Bruder im nahe gele-

genen Fluss gefangen hat. Da ihnen das Land vom Tal bis in die Berge hinauf gehört, haben sie ihren eigenen Supermarkt direkt vor der Haustür. Nach einer kurzen Pause arbeiten die Männer weiter, auch Hlynur gesellt sich nun zu ihnen. Die schwangere Viktoría zeigt mir die Scheune, in der sie ihre Partys feiern. Sie haben dort sogar eine Bühne, an der Theke hängen etliche Island-Flaggen, neben einer Sitzecke heizt ihnen im Winter ein kleiner Ofen ein.
Noch lieber als in der Scheune trifft sich die Familie selbst in der kalten Jahreszeit im Freien – stundenlang hocken sie dann im »heitur pottur«, dem heißen Pott. Denn das Baden ist neben all den anderen Aktivitäten ihre liebste Freizeitbetätigung. »Ich bin süchtig nach den wohlig-warmen Pools«, gesteht Viktoría.

Links: Partyscheune, rechts: Papageitaucher

Da ist sie nicht die Einzige. Wer einmal drinnen sitzt, möchte eigentlich nie wieder raus. Gerade im Spätherbst und Winter, wenn bei eisigen Außentemperaturen die Schneeflocken in der Luft tanzen oder die Nordlichter den Abendhimmel in eine spektakuläre, grün-gelblich schimmernde Lightshow verwandeln, lässt es sich in den heißen Quellen Islands wunderbar entspannen. Rund vierzig Grad warm sind die Hot Pots, die einem Whirlpool ähneln. Es gibt sie neben Schwimmbecken, in den Vorgärten der Wohn- und Sommerhäuser oder verstreut als natürliche Quellen in den einsamen Landschaften. Beim beliebtesten Hobby der Isländer kann man dann auch wirklich mal von Relaxen sprechen. Viktorías Familie hat die Qual der Wahl: Neben dem Haupthaus steht nicht nur ein selbst gebauter Hot Pot, den Hang hinauf haben sie außerdem einige Naturbadewannen und nur zehn Minuten entfernt liegt ein wohltemperiertes Freibad. Da die Vulkaninsel mit Erdwärme gesegnet ist, ver-

fügt fast jedes Dorf über ein geothermisch beheiztes Schwimmbad.

Der Hot Pot ist ein wichtiges Kulturgut, quasi das Café der Isländer: Seit jeher tauschen sie hier den neuesten Tratsch aus und diskutieren über die aktuelle Lage der Nation. Schon Snorri Sturluson, Politiker und Autor der ›Snorra-Edda‹, einem Lehrbuch der alten nordischen Mythologie und Dichtkunst der Skalden-Prosa, traf darin im 13. Jahrhundert Kollegen zu hitzigen Debatten. Auch die ehemalige Präsidentin Vigdís Finnbogadóttir wollte in den neunziger Jahren während ihrer Amtszeit nicht auf das tägliche Bad im öffentlichen Freibad Vesturbæjarlaug verzichten. Eines Morgens traf sie im Hot Pot auf einen amerikanischen Touristen. »Was machen Sie beruflich?«, fragte er. »Ich bin Präsidentin«, antwortete sie. »Aha, und von welcher Firma?« – »Von Island.« Der Amerikaner war sprachlos und lief rot an.

Das zentral gelegene Vesturbæjarlaug in Reykjavík mit den 25-Meter-Bahnen hat etwas Gemütliches. Hier trifft sich die Nachbarschaft, zu der prominente Schauspieler, Musiker und Präsidenten zählen. Doch da die Isländer Ruhm nicht so ernst nehmen – jeder ist ja der Beste in irgendetwas –, wird kein Aufhebens darum gemacht. Und so ziehen sie relaxt ihre kurzen Bahnen, oft neben älteren Herren, die lautstark wie Walrösser schnaufen.

Für mich sind die ersten 250 Meter die Aufwärmphase, viele Reykjavíker schwimmen lediglich diese Strecke und entspannen dann in einem der vier Hot Pots. Die Tafeln am Rand geben die ungefähren Temperaturen an, der wärmste erreicht 44 Grad, darin kribbelt der ganze Körper, die meisten Isländer knubbeln sich aber im 38-bis-40-Grad-Pott. Dort hocken sie manchmal zu

Nachrichtenbörse Hot Pot bei Nauthólsvík

acht, dicht gedrängt, plaudern, schauen gen Himmel oder schließen einfach die Augen. Einige machen erst gar nicht den Umweg ins Schwimmbecken, sondern hüpfen schnurstracks in die runden Wannen.

Das berühmteste und größte Bad Islands ist die Bláa lónið, die Blaue Lagune. Der See liegt inmitten eines Lavafeldes, rund 15 Kilometer vom internationalen Flughafen Keflavík entfernt; es wird aus dem verbrauchten Heizwasser des benachbarten Geothermalkraftwerkes gespeist. Im Abwasser zu schwimmen hört sich nicht sehr prickelnd an, doch das Gemisch aus sechs Millio-

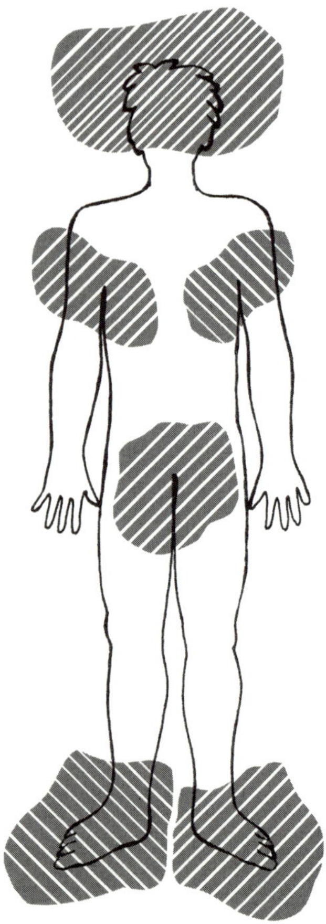

Körperpflege nach Anleitung. Auf Isländisch, Englisch, Dänisch, Deutsch und Französisch wird ergänzt: »Alle Gäste müssen sich mit Seife ohne Badeanzug waschen, ehe sie in das Schwimmbad gehen. Danke.«

nen Liter Salz- und Meerwasser ist sauber und sehr mineralhaltig. Kieselerde, Mineralsalze und Algen sorgen für die bläuliche Farbe und das milchig weiche Badegefühl – so mancher wähnt sich in einem riesigen Bad der Cleopatra. Nun gut, man muss die angetrunkenen oder knipsenden Touristengruppen ausblenden, doch auf dem weitläufigen Gelände findet jeder einen Ruheplatz. Wenn dann in der 37 bis 39 Grad Celsius warmen Lagune noch die Sonne die Wasseroberfläche glitzern lässt und der Dampf aufsteigt, kommt die Entspannung von ganz alleine.

Die Badebetreiber wissen um die Besonderheit ihres »Spas« – und nutzen es vielfältig. So offerieren sie den Gästen am Beckenrand blaue Drinks, man kann auf einer Matratze treibend im See massiert werden; kostenlos und für jeden zugängig, ist im Bad eine weiße, mineralreiche Paste mit Peeling-Effekt. Das Wasser soll für Allergiker mit Hautproblemen eine heilende Wirkung haben. Insbesondere Schuppenflechte-Patienten werden in der angrenzenden Klinik behandelt, aber auch für den normalen Besucher ist der Ausflug eine wohltuende Mini-Kur.

Anna G. Sverrisdóttir war früher Geschäftsführerin der Blauen Lagune, bis heute ist sie dem feuchten Element treu geblieben. Seit einigen Jahren arbeitet die Isländerin unter anderem für die Non-Profit-Organisation Vatnavinir, Wasserfreunde. Diese will den nachhaltigen Tourismus in ländlichen Regionen fördern. »So lenken wir die Aufmerksamkeit auf neue Plätze, die viele Besucher sonst wohl nie entdecken würden«, sagt die sechzigjährige Anna. Denn in jedem Reiseführer findet sich die Blaue Lagune, doch nur wenige Touristen wissen um die Schönheit der vielen Dorf-Schwimmbäder. Und so kamen befreundete Architekten, Designer, Philosophen und Marketing-Experten eines Tages auf die Idee, Vatnavinir zu gründen. Sie erstellten eine Landkarte, auf der nicht nur die klassischen Bäder vermerkt sind, sondern auch kleine Pools und einige natürliche Quellen. Anna und die anderen wollen das »Wellness Country Iceland« aufbauen: Zu ihren Pilotprojekten gehören elf verstreut liegende Bäder und Quellen in den Westfjorden, die teilweise saniert oder umgebaut werden sollen. Architektin und Vatnavinir-Mitgründerin Olga und ihr deutscher Kollege Jörn entwarfen Skizzen, wie die traditionellen Badeorte ein neues Design bekommen können.

Hot-Pot-Schnitzeljagd

Anna nimmt mich mit auf eine Tour von Reykjavík in die Westfjorde. Standesgemäß fährt sie in einem gut beheizten Jeep entlang der weit ins Land ragenden Fjorde durch die herbstlich blühende Natur. Irgendwo im Nirgendwo hält die Isländerin abrupt an. Wir steigen aus, laufen von der Straße ein paar Meter die Wiese hoch und stehen plötzlich vor einer der vielen natürlichen Quellen. Ein kurzes Bad in der Naturbadewanne, und weiter geht's. Orte wie diese sollen ein Geheimnis bleiben und sind daher nicht auf der Vatnavinir-Landkarte verzeichnet. Trotzdem darf sie natürlich jeder nutzen, der sie findet. Es ist ein bisschen wie eine Schnitzeljagd: Wer genau hinsieht, entdeckt immer wieder in der Einsamkeit versteckte Hot Pots.
»Jeder Wellness-Ort hat seinen eigenen Charakter«, weiß Wasserfreundin Anna. Und da ich längst schon poolsüchtig bin, will ich so viele wie möglich sehen und ausprobieren. Mein Badeanzug kriegt während dieser mehrtägigen Reise zumindest kaum eine Chance zu trocknen. Im Fischerdorf Drangsnes baute die Bevölkerung aus ehemaligen kleinen Fischcontainern

Hot Pots, die nun direkt neben der Straße liegen. Hier treffen sich die Anwohner nach Feierabend zum Plausch, manche mit einer Flasche Bier oder einem Glas Wein. Da ständig warmes Wasser durch Schläuche in die Becken fließt, ist das Wasser stets frisch.

Und egal, wie das Wetter ist, in den Open-Air-Pötten lässt es sich immer relaxen. In manchen Quellen fühlt man sich wie in einer Miso-Suppe, das Wasser ist dort von Algen getrübt. In Reykhólar hat man die Algen sogar als Schönheitselixier entdeckt. Svanhildur Sigurðardóttir sitzt in ihrem privaten Hot Pot zu Hause und schöpft vom Grund der Wanne ein wenig grüne Paste. »Die Algen machen die Haut ganz geschmeidig«, schwärmt die Isländerin, schnuppert daran und cremt sich ein. Tatsächlich fühlt sich die Haut nach dem Bad samtig weich an. Svanhildur und ihre Freundin Sólrún wollen mit Hilfe der Vatnavinir-Crew nahe ihres Wohnhauses eine Badeanlage bauen, in der dann

auch Besucher die wohltuende Wirkung genießen können. Solange die nicht fertig ist, lädt sie Gäste gerne zu sich in den Garten ein, wo immerhin zwei Pötte nebeneinanderstehen.

Auch das Meer soll übrigens ein Urquell der Schönheit sein. (Vielleicht hat das Inselvolk deshalb so viele Miss Worlds hervorgebracht?!) »Deine Haut wird durch das Salzwasser sanft und die Nägel fester« – davon ist Hrefna, eine Mittvierzigerin aus Ólafs-

Bastele dir deine Oase

Bauplan für einen Hot Pot in der Badewanne

- Lasse 100 Grad heißes Wasser in die Badewanne und koche darin ein paar Eier.
- Nachdem das Wasser dank der Eier nun den perfekten Schwefelgeschmack hat, kühle es auf 40 Grad Celsius ab.
- Gib ein paar Algen dazu für das schöne Miso-Suppen-Gefühl.
- Lege Steine und Moos an den Wannenrand.
- Klebe dir an die Decke einige Sterne für den ungetrübten Blick in den Himmel.
- Sollten die Sterne durch die hohe Luftfeuchtigkeit abfallen, reiß einfach die Decke ein.
- Leg dich in die Wanne und entspanne.
- Wenn dir das zu langweilig ist, lade dir so viele Freunde ein, dass du dich in deinem Hot Pot kaum noch bewegen kannst.
- Solltet ihr plötzlich Hunger bekommen: Irgendwo im Wasser sind ein paar hartgekochte Eier.

vík, überzeugt. Gemeinsam mit einer Gruppe trifft sie sich zwei Mal in der Woche am Strand des Fischerortes, um sich freiwillig in die kalten Fluten zu stürzen. Einige der Männer sollen seitdem wieder volles Haar haben, andere glauben, es helfe bei Allergien und vertreibe schlechte Gedanken. Wohl auch deshalb ist das Schwimmen im Nordatlantik seit der Krise populärer geworden. Es lag aber auch einfach im Trend, und wenn etwas angesagt ist, dann wollen es plötzlich alle Isländer machen.

Hrefna und ihre Freunde, die auf der westisländischen Halbinsel Snæfellsnes leben, gehen seit dem Winter ins Meer. Da es nun, im September, schon recht kühl ist, fahren sie mit ihren Autos bis zum Strand vor und klettern dann den Wall aus Lavafelsen hinunter in die pechschwarze Bucht. Einige tragen Neopren-Handschuhe und -Socken, denn Hände, Kopf und Füße kühlen als erstes ab. Bevor sie ins Meer steigen, hüpfen die fünf Frauen und der einzige Mann an diesem Herbstmittag auf und ab, eine schlägt Purzelbäume zum Aufwärmen.

Das etwa acht Grad »warme« Wasser schwappt gemächlich ans Ufer. Langsam spazieren die Hobby-Schwimmer ins Meer, damit der Körper sich an die Atlantik-Temperaturen gewöhnen kann. Ein Gespräch lenkt von der Kälte ab, obwohl es für die Ólafsvíker längst zur Routine geworden ist. Brrr, ist das nicht zu eisig? »Nein, nein«, rufen sie. »Das ist super«, sagt eine andere Isländerin und fügt hinzu: »Wir sind eben richtige Wikinger-Frauen.« Danach springen aber auch sie zum Aufwärmen in die Sauna des nahe gelegenen Fitnessstudios.

»Wenn der Ozean dich umarmt, findest du zurück zu dir selbst«, sagt Margrét H. Blöndal. »Das Meer wird dein Freund.« Mit diesen Beschreibungen machte die Künstlerin auch mich einst neugierig. Die Reykjavíkerin schwimmt regelmäßig mit Freunden beim Leuchtturm Grótta, dort ist morgens kaum etwas los, und so teilen sie sich das Meer nur mit einigen Seerobben. Margrét findet es faszinierend, dass der Nordatlantik nie gleich ist, sie fühlt sich nach dem Bad wie neugeboren, es klärt ihren Kopf. Wie nach einer langen Wanderung im Hochland oder beim Yoga, nur dass sich das Hochgefühl innerhalb von zehn Minuten einstellt. Das Bad im Meer ist im Prinzip »Instant-Yoga«.

Ich probiere mein Glück im Herbst am Strand von Nauthólsvík, jener exotischen Bucht in Reykjavík. Die Wassertemperatur: zehn Grad Celsius. »Es ist richtig heiß heute«, sagt Árni, der verantwortlich für den Strand und das dazugehörige Steinhaus mit den Umkleidekabinen ist. »Die kälteste Wassertemperatur, die wir vergangenen Winter hatten, war 1,8 Grad unter null, bei einer Lufttemperatur von minus zehn.« Er zeigt Fotos mit Schwimmern zwischen Eisschollen.

So romantisch die Erzählungen der Isländer auch klingen, sie alle wissen, dass es gefährlich sein kann. Deshalb trägt sich in Nauthólsvík jeder in ein Gästebuch ein, bevor er ins Meer geht. Damit die Schwimmer gut zu sehen sind, ziehen sie sich leuchtend blaue oder orangefarbene Kappen über. Man kann leicht einen Krampf bekommen, niemand sollte allein schwimmen gehen, Menschen mit Herzbeschwerden müssen es lassen.

»Wichtig ist, die ersten beiden Minuten durchzuhalten. Danach wird es leichter«, sagt Urður Gunnarsdóttir. Genau diese zwei Minuten haben es dann aber in sich, sie kommen einem vor wie eine Ewigkeit. Würde ihr Kollege Jónas mir nicht wie ein Mantra »Ruhig atmen. Ganz ruhig atmen!« einflüstern, wäre ich vermutlich bald geflüchtet.

Jónas und Urður arbeiten im Außenministerium, sie gehören zu einer Gruppe, die jeden Mittwoch zur Mittagszeit im Nordatlantik schwimmen geht. Scherzhaft nennen sie sich »Marbendlar« – das ist der Name eines Monsters, das, so will es die Sage, in den Tiefen des Meeres lebt und manchmal Menschen dorthin lockt. Heute konnten sie außer mir noch zwei andere Kollegen ködern. »Wir sind schon fünf Minuten im Wasser«, muntert Jónas mich auf. Mein Körper ist immer noch taub, fühlt sich an wie Watte. Ich habe das Gefühl, auf der Stelle zu schwimmen. Das salzige Wasser schwappt mir ins Gesicht, es ist windig. Immerhin klappt das Atmen mittlerweile wieder gut. Nach acht Minuten steigen wir stolz aus dem Atlantik. (Hartgesottene bleiben eine halbe Stunde oder länger im Meer.) Unsere Körper sind knallrot. Einer der Kollegen besteht noch auf Gymnastik, also hüpfen wir am Strand auf und ab. Wir glühen jetzt und entspannen uns danach im Hot Pot, der bei Nauthólsvík die Größe eines

»Wikingerfrauen« und vereinzelter Mann beim Meerschwimmen in Ólafsvík

Plantschbeckens hat. Noch am Abend spüre ich die frische Luft in meinen Lungen, bin euphorisch und habe so viel Energie, dass ich am liebsten direkt noch mal in den Atlantik springen will. Die Isländer glauben, das Leben verändere sich, wenn man einmal im Meer schwimmen war. Oder wie die Künstlerin Margrét sagt: »Es ist wie eine neue Liebe, du musst sie immer wieder treffen.«

Von Islandpferden und Bratpfannen

Diese Liebe macht einem Mut, Neues auszuprobieren – oder wie andere Meerschwimmer sagen: Wer das überlebt, übersteht alles. Hätte ich das Baden im Meer früher ausprobiert, wäre meine erste nähere Bekanntschaft mit den Islandpferden sicher anders verlaufen.

Zwei Jahre zuvor ergab sich die Gelegenheit, einen Ausritt zu machen. Islandpferde gelten als gutmütig und genügsam, sie sollen auch für unerfahrene Reiter prima geeignet sein. Im Ausland ist die Pferderasse ebenfalls sehr beliebt, allein in Deutschland gibt es über 60 000, fast so viele wie in Island. Einmal außer Landes gebracht, dürfen die Tiere allerdings nie wieder in ihre Heimat zurückkehren.

Da viele behaupten, man habe Island nur erlebt, wenn man es einmal vom Rücken dieser Tiere aus gesehen habe, überwand ich trotz Unerfahrenheit und Tierhaarallergie meine Bedenken. Von Weitem sehen sie ja auch niedlich aus. Islandpferde, die manchmal Ponys genannt werden, sind zwar recht klein, als ich jedoch im Sattel saß, kam mir ihre Körpergröße von 1,30 Meter plötzlich sehr hoch vor. Nach zehn Minuten stieg ich freiwillig wieder ab. Die anderen aus der Gruppe trotteten langsam davon.

Islandpferde haben neben den klassischen Gangarten noch einen besonderen Schritt: den Tölt. Damit können sie selbst bei widrigem Untergrund so gut wie erschütterungsfrei laufen, sogar über huckelige Lavafelder, wo man zu Fuß leicht umknickt, trippeln sie leichtfüßig hinweg. Du kannst auf ihrem Rücken problemlos eine Tasse Tee trinken, ohne etwas davon zu verschütten, erzählen die Isländer gerne. Auf ihre robusten Freunde lassen sie nichts kommen, das hindert sie allerdings nicht daran, auch sie auf ihren Speiseplan zu setzen.
Die ausdauernden Pferde halfen den Wikingern vor über 1100 Jahren, die Vulkaninsel zu besiedeln. Damals gab es natürlich noch keine Wege oder Brücken, dafür aber neben Gletschern viele Berge, abgelegene Fjorde und unendliche Weiten, die die Neuankömmlinge erkunden wollten. Die Siedler brachten die kleinwüchsigen Kraftpakete mit nach Island, sie waren eine Kreuzung aus germanischen und keltischen Ponys.
Die Pferde trugen die ganze Last – die Reiter, das Hab und Gut der Wikinger, die Handelswaren und später Treibholz. Selbst bei Schneesturm brachten die Tiere Reiter und Güter sicher ans Ziel. Man sagt, sie spüren, wo der Weg gut begehbar ist. Und so vertrauen bis heute viele blind ihren Islandpferden, die nicht nur mutig, sondern auch sozial und eigenständig sind. Im Sommer leben sie halbwild in kleinen Herden.
Nach einer Stunde sehe ich aus der Ferne die Gruppe zurückkommen. Die lange Mähne der Pferde weht im Wind … trippel, trappel, trippel, trappel … tölten sie sicher und flink durch das unberührte Gelände. Die Pferde schnaufen jetzt kräftig. So ruhig Islandpferde sonst meist sind, wer sie einmal laufen sieht, weiß, wie temperamentvoll sie sein können. Vielleicht werde ich es eines Tages doch noch mal ausprobieren – und wenn ich dafür vorher im Meer Mut tanken und eine Antiallergikum einwerfen muss.

Reden, Feiern und Tauchen

Kein Ort erfüllt die Isländer mit so viel Stolz wie Þingvellir, die »Ebene der Volksversammlungen«. Seit dem Jahre 930 trafen sich die gleichgestellten Goden und Bauern hier jeden Sommer für zwei Wochen auf dem Lavafeld am Nordufer des Sees Þingvallavatn. Während der Versammlungen wurden im Alþingi, einem der ältesten Parlamente der Welt, Recht gesprochen und Gesetze beschlossen. Die Redner standen dabei mit dem Gesicht zur Wand am »Gesetzesfelsen«, durch die besondere Akustik des Ortes waren ihre Worte auf dem weitläufigen Gelände überall gut zu hören.
Bis heute gilt Þingvellir als bedeutendster Platz Islands, hier wurde am 17. Juni 1944 die Republik ausgerufen, und hier werden die großen nationalen Jubiläen gefeiert.
Der wunderschöne Nationalpark ist auch ein beliebtes Ausflugsziel. Hier driften die eurasische und die nordamerikanische Platte jedes Jahr um ein paar Millimeter auseinander. So können die Besucher das wandelbare Gebiet zwischen den Kontinentalplatten erkunden – die Spaziergänger überirdisch und die Taucher unterirdisch im Þingvallavatn, dem größten See Islands. Ein Tauchausflug in der dortigen Silfra-Schlucht ist auch deshalb einzigartig, weil man im glasklaren Wasser rund einhundert Meter weit sehen kann.

An dieser Stelle im Nationalpark Þingvellir driften die eurasische und die nordamerikanische Kontinentalplatte auseinander

Bei der Tour mit Anna sehen wir am Wegesrand nicht nur verstreut einige Islandpferde, sondern auch abgelegene Höfe und die wenigen Landhotels. Eines davon ist das rustikale Hotel Bjarkalundur. In Island ist es mittlerweile legendär, denn dort wurde die zweite Staffel jener Comedy-Serie gedreht, mit der Jón Gnarr, der heutige Bürgermeister von Reykjavík, große Erfolge feierte. Hier produzierte Sagafilm die zweite Staffel ›Dagvaktin‹ (Tagesschicht), in der Georg voller Wut seine üble Chefin erschlägt.

Wir trinken in Bjarkalundur eine Tasse Kaffee, alles sieht genauso aus wie in der Serie. Der junge Angestellte erzählt, dass seit der Ausstrahlung von ›Dagvaktin‹ viele Isländer im Hotel Halt machen. »Die meisten fragen, ob wir die Original-Pfanne haben«, erzählt er bei seiner spontanen Tour durchs Haus. Und? »Na klar.« Er führt uns in die Küche, zieht sie strahlend hervor und hält die Tatwaffe drohend in die Höhe. Erschlagen, aber nur von der Wucht des starken Kaffees, fahren wir weiter zu den

nächsten Pools. Vereinzelt kommen uns luxuriöse Campingwagen entgegen. »Wir Isländer lieben es eben gemütlich«, sagt Anna, »seit einigen Jahren wird es immer populärer, durch die Heimat zu reisen.« Am liebsten von einem Event zum nächsten, dafür fahren sie manchmal Hunderte Kilometer: zu den Djúpavík-Tagen in die Westfjorde, dem Dalvík-Fischtag im Norden und dem Musikfestival Bræðslan in Borgarfjörður eystri; jede Gemeinde schafft sich ein besonderes Wochenende, Festival oder sogar Museum.

Gründe ein Museum

Museen zu gründen ist ein beliebtes Hobby der Isländer; es wird vor allem von liebenswerten und bisweilen kauzigen älteren Herren betrieben. Der eine verfügt über die größte Plattensammlung Islands, der andere hängt in seiner Scheune alte Werkzeuge auf und erklärt sie zur kostbaren Sammlung, doch das wohl skurrilste Museum hat sich Sigurður Hjartarson, ein pensionierter Lehrer für Geschichte und Spanisch, geschaffen. In Húsavík, einer Stadt im Norden Islands, leitet der bald 70-Jährige das Isländische Phallologie-Museum – seine Ausstellung ist gespickt mit abgeschnittenen Tierpenissen. Einige prangen an den Wänden, andere glibbern in formalingefüllten Einmachgläsern vor sich hin. In den vergangenen Jahrzehnten sammelte Sigurður über 270 Exponate von mehr als neunzig Arten. Die meisten bekommt er geschenkt, nur den Elefantenphallus kaufte er ein. Wer hat den längsten? Wer den kleinsten? Diese Fragen können hier ganz offen gestellt werden. Die Antwort: Der längste ist vom Pottwal, er wiegt über siebzig Kilo

Siggi erklärt eine Leichenhose

und misst 1,70 Meter. Der kleinste stammt von einem Hamster und ist kaum zu erkennen.
Robben, Eisbären, Pferde, Füchse, sie alle ließen unfreiwillig ihr bestes Stück. Es gibt auch eine Spezies, die sich als Spender anbietet: Einige Männer versprachen Sigurður, nach ihrem Ableben dem Museum ihren Penis zu vermachen, für sie steht schon jetzt ein leeres Glas in den Ausstellungsräumen bereit und kündigt an, wessen Glied eines Tages hier ruhen wird. Der Museumsgründer selbst spendet sein Exemplar natürlich ebenfalls. Das Phallus-Museum von Húsavík ist sicherlich das seltsamste Museum Islands, wenn nicht gar der Welt.
Auch im Hólmavíker Museum für Hexerei und Magie entdecken die Besucher Außergewöhnliches und Irritierendes: zum Beispiel die nábuxur, Leichenhose (zum Glück jedoch keine echte). Glaubt man der Legende, stammen die nábuxur aus der Haut eines verstorbenen Mannes, der noch zu Lebzeiten sein Einver-

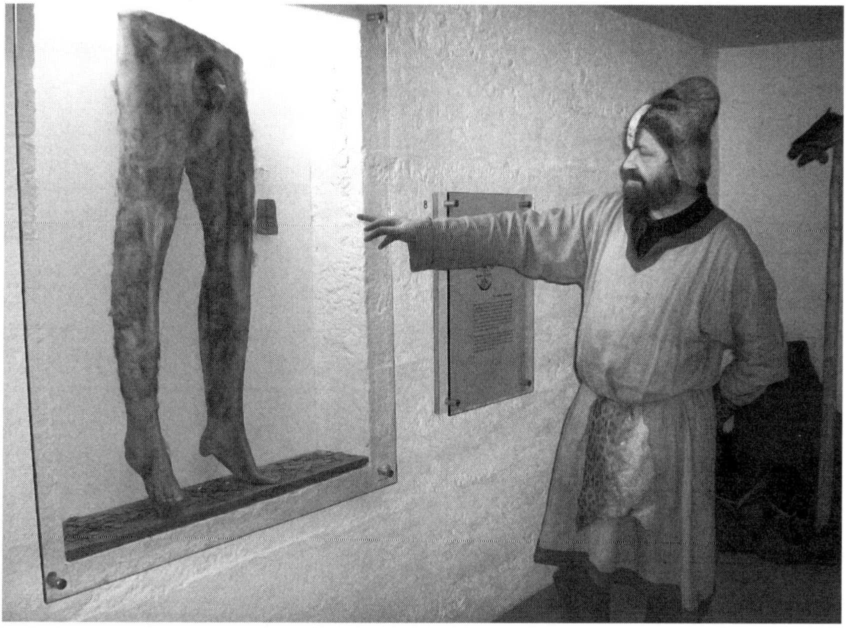

ständnis gab. Nach seinem Tode wurde er nachts ausgegraben und die Haut von der Hüfte abwärts in einem Stück abgezogen, damit sie später auch gut sitzt. Um seinen Zweck zu erfüllen, musste der Leichenhosenträger einer armen Witwe an Weihnachten oder Ostern eine Münze stehlen. Diese trug der Mann dann in einem der Hoden, der als Geldsack diente. »Anschließend musste er ein magisches Zeichen auf ein Papier zeichnen und es ebenfalls einstecken«, erklärt Sigurður Atlason, Siggi genannt, mit tiefer Stimme und großem Pathos. »Sodann hatte der nábuxur-Träger immer ausreichend Geld.« Der Reichtum war übrigens nur den Männern gegönnt.

In der Region um Strandir gibt es zahlreiche Legenden, besonders im 17. Jahrhundert herrschte ein ausgeprägter Glaube an die Magie, die auch Hexenverfolgungen nach sich zog. »Nie mehr wurden so viele Menschen hingerichtet wie zu dieser Zeit«, weiß der Museumsbetreiber. »Viel« ist in Island natürlich

immer ein relativer Begriff. Es waren 21 Personen: zwanzig Männer und eine Frau.

Um vollends in die Vergangenheit einzutauchen, fahren wir zu einem 25 Kilometer entfernten Landhaus des Hexers, der zweiten Stätte des Museums. Auf einer Anhöhe im Bjarnarfjörður thront das grasbewachsene Torfhaus. Der 49-jährige Siggi hat sich nun schwere Lederfelle umgehängt, er trägt eine beige Filzmütze, auf deren Stirnhöhe ein altes Symbol prangt: der Ægishjálmur, Helm des Ægis. Es existiert in verschiedenen Formen, eine davon hat sich auch Popsängerin Björk als Teenager auf den Oberarm tätowieren lassen. Der Vegvísir soll ihr helfen, nicht verloren zu gehen. Schon in den alten Eddas wurde der Ægishjálmur als Kraftsymbol erwähnt.

Er stammt wie die anderen magischen Zeichen aus isländischen Zauberbüchern, einige gehen auf das Mittelalter zurück, bei anderen finden sich Bezüge zu historischen Runen und zum alten germanischen Glauben an Thor und Odin (im Isländischen Þór und Óðinn). Die Menschen hatten für jede Lebenslage ein Symbol, das jeweils auf eine besondere Art eingeritzt werden musste: Sie schützten vorm Ertrinken oder vor Diebstahl, halfen dabei, die Liebe eines Mädchens zu gewinnen oder die Schafe folgsam zu machen. All diese Zeichen finden sich auch im Landhaus des Hexers, das Viktorías Vater Ólafur, ein gelernter Hausbauer, historisch nachempfand. Was ist noch Hobby und was ist schon wieder Beruf? In Island verschwimmt das, genau wie alles andere. Alles ganz Isi eben!

Die Torfhütte liegt nur unweit von Svanshóll. Ein bisschen magische Hilfe hätten Vikorías Eltern gut gebrauchen können, dann wären ihre beiden Schweine Egg und Bacon vielleicht folgsamer gewesen. Doch so wurden die Tiere zu »Rebellen«, sie büx-

Des Hexers Torfhaus in der Abenddämmerung

ten mehrmals aus, wüteten durchs Gewächshaus und auf anderen Höfen im Tal, jagten Kinder und fraßen alles, was ihnen in den Weg kam. Es endete, wie es kommen musste: Die dick gefutterten Schweine landeten im Schlachthaus – und lieferten stolze 117 Kilo Fleisch. Viktorías Familie revanchierte sich bei den Bewohnern des Tals und richtete für sie ein rauschendes Scheunenfest aus.

Hilfreiche Redewendungen für alle Lebenslagen

»Það var mjög gaman.« – »Es hat viel Spaß gemacht.«

»Helvítis fokking fokk.« – »Verdammtes fucking fuck.«
(Berühmt gewordenes Protestplakat seit den Finanzkrise-Demonstrationen.)

»Þetta var bara mjög óheppilegur misskilningur.« – »Das war nur ein sehr unglückliches Missverständnis.«
(Standardspruch von der TV-Figur Georg Bjarnfreðarson)

»Þetta er allt að koma.« – »Es regelt sich schon irgendwie.«

»Þú komst við hjartað í mér.« – »Du hast mein Herz berührt.«
(Titel eines Hjaltalín-Songs und perfekter Flirtspruch)

»Þetta er ekkert mál fyrir Jón Páll!« – »Das ist kein Problem für Jón Páll!«
(Jón Páll Sigmarsson war der stärkste Mann der Welt.)

»Bless, bless!« – »Tschüss!«

Anhang

Buchtipps – Isländische Kreativität zum Nachlesen

Genauso gerne wie die Isländer Bücher schreiben, lesen sie auch die anderer Autoren – durchschnittlich acht Bücher kauft jeder Inselbewohner pro Jahr. Genügend Gelegenheit, sich diese vorher in Ruhe anzusehen, haben sie: Während die meisten Geschäfte um 18 Uhr schließen, sind die Buchhandlungen stets bis 22 Uhr geöffnet; und die dazugehörigen Cafés und gemütlichen Sitzecken laden zum Verweilen ein. Mindestens eines der zehn im Folgenden vorgestellten Werke steht sicherlich im prall gefüllten Regal jeder isländischen Familie.

Einar Kárason – Feindesland (btb)
Wer nicht gleich alle Isländersagas lesen will, kann schon mal in ›Feindesland‹ mit einem der bedeutendsten isländischen Autoren der Neuzeit ins 13. Jahrhundert abtauchen. Er trifft dort auf rivalisierende Clans, blutige Gemetzel und politische Intrigen.

Christian Schoen / Halldór Björn Runólfsson – Icelandic Art Today (Hatje Cantz)
Fünf Jahre lang war der Deutsche Christian Schoen in Reykjavík Direktor des CIA, Center for Icelandic Art. 2009 stellte er dieses zwei Kilo schwere Kunstbuch zusammen, in dem die 50 bedeutendsten isländischen Künstler der Gegenwart porträtiert werden. Mit dabei unter anderen: die Icelandic Love Corporation, Sirra und Erling von Kling & Bang, Atlantik-Schwimmerin Margrét und Dauerperformer Ragnar Kjartansson.

Halldór Laxness – Am Gletscher (Steidl Verlag)
Der Mann, dem die Isländer seit 1955 die höchste Dichte an Literaturnobelpreisträgern verdanken. Auf die Frage, welches Werk man von Laxness lesen sollte, bekommt man meist die Antwort »alle«. In diesem fiktiven Prosastück aus dem Jahr 1968 erhält der Leser Zugang zu unerwarteten kosmischen Geheimnissen am Gletscher Snæfellsjökull.

Yrsa Sigurðardóttir – Das gefrorene Licht (S. Fischer Verlag)
Zwei Jobs, zwei Welten. Die erfolgreiche Krimiautorin arbeitet auch als Ingenieurin, zum Beispiel beim Kárahnjúkar-Staudamm-Projekt. Ihre Romane rund um die Rechtsanwältin Dóra Guðmundsdóttir sind aber alles andere als technisch und kühl, sondern vielschichtige und spannende Thriller.

Halldór Guðmundsson – Wir sind alle Isländer (btb)
Der Literaturwissenschaftler, der zuvor schon eine 800-seitige Biografie über Laxness verfasste, widmet sich in diesem Buch der Finanzkrise – nicht aus Expertensicht, sondern aus seiner sehr persönlichen. Zehn Porträts von Betroffenen runden das Buch ab, darunter eines über die damalige Außenministerin, bei der zur Zeit der Krise ein Gehirntumor diagnostiziert wurde. Außerdem das einer Familie, die nun hoch verschuldet ist, oder des Autors Hallgrímur Helgason, der an vorderster Front protestierte.

Hallgrímur Helgason – Zehn Tipps, das Morden zu beenden und mit dem Abwasch zu beginnen (dtv)
Tipps geben kann Hallgrímur ebenso gut, wie sich ungewöhnliche Buchtitel ausdenken. Die Arbeiten des Popliteraten sind geprägt von seinem skurrilen Humor. In diesem Roman geht es um den amerikanischen Auftragskiller Toxic, der, um einer Verhaftung zu entkommen, einen Mann tötet und dessen Identität annimmt. Dummerweise handelt es sich dabei um einen US-Fernsehprediger auf dem Weg nach Island. Einziger Lichtblick: die schönen Isländerinnen.

Sjón – Der Schattenfuchs (S. Fischer Verlag)
»Die Sonne wärmt den weißen Männerkörper, und der Schnee, der mit unentschlossenem Knirschen taut, ist die Erkennungsmelodie«, heißt es in Sjóns Kurzroman, für den der charismatische Dichter 2005 den Literaturpreis des Nordischen Rates erhielt. Eine 120-seitige Sage, anrührend, wuchtig und poetisch.

Andri Snær Magnason – Traumland (Orange Presse)
In Island wurde dieses 2006 veröffentlichte Werk zu einer Art Volksbuch. Der Autor kritisiert darin den ökologischen Raubbau an der vermeintlich endlosen Natur (wie z.B. beim Kárahnjúkar-Projekt), und die Inbesitznahme durch internationale Aluminiumkonzerne. Was bleibt übrig, wenn alles verkauft ist?, lautet der Untertitel der aktualisierten deutschen Ausgabe von 2011. In seinem lyrischen Sachbuch stellt Andri Snær auch die gängigen wirtschaftlichen Grundsätze in Frage.

Steinunn Sigurðardóttir – Der Zeitdieb (rororo)
Ein Mann stiehlt der erfolgsverwöhnten Alda ihre Zeit, anfangs genießt sie es, doch nach nur hundert Tagen endet ihre leidenschaftliche Affäre mit dem verheirateten Kollegen – facettenreich und poetisch erzählt die Autorin eine intensive Geschichte über eine unglückliche Liebe.

Ólafur Elíasson – Bílar í ám / Cars in Rivers (Crymogea)
Die isländische Natur mal ganz anders: 35 Fotografien von halb versunkenen Jeeps oder Hochlandbussen, die inmitten reißender Flüsse gestrandet sind. Der Künstler Ólafur Elíasson arrangierte die ihm von Isländern zugesandten Bilder zu einem Kunstwerk, die nun auch im gleichnamigen Buch verewigt werden. Es beschreibt den Kampf des Menschen mit der unberechenbaren Natur und kann auch als Metapher auf die Wirtschaftskrise verstanden werden.

Filmtipps – Isländische Kreativität in bewegten Bildern

Bis in die neunziger Jahre gab es auf der Nordatlantikinsel einen fernsehfreien Donnerstag. Das brachte den Isländern den Ruf ein, besonders kulturbeflissen zu sein, sie würden dann lieber lesen oder Konzerte besuchen. In Wahrheit war Fernsehen für das Inselvolk lange zu teuer, die Sendungen mussten entweder selbst produziert oder untertitelt werden. Die Begrenztheit sorgte aber dafür, dass die Isländer schnell andere Sprachen lernen. Einige der zehn hier empfohlenen DVDs erhält man momentan nur im Original mit Untertiteln, so kannst du also gleich fernsehen wie ein Isländer. Und vielleicht gleich eine neue Sprache lernen – sofern du nicht ohnehin schon Isländisch sprichst.

101 Reykjavík (2000)
Rauschende Partys in dicht gedrängten Clubs, hemmungsloses Saufen, Sex mit Folgen – die Verfilmung von Hallgrímur Helgasons gleichnamigem Roman porträtiert das Nachtleben auf der Insel, aber auch den Unwillen des Hauptprotagonisten Hlynur, ein geregeltes Leben mit Job und Partnerin zu führen. Eine ironische Geschichte im winterlichen Island, perfekt inszeniert von Regisseur Baltasar Kormákur.

Children Of Nature – Eine Reise (1991)
Regisseur und Autor Friðrik Þór Friðriksson gilt als einer der wichtigsten Filmemacher Islands und hat es bisher als Einziger geschafft, mit einem Spielfilm für den Oscar nominiert zu werden. ›Börn náttúrunnar‹, so der Originaltitel, ist ein Roadmovie über einen alten Bauern und seine Jugendliebe, die aus dem Reykjavíker Altenheim fliehen, um in den Westfjorden an geliebte Orte ihrer Kindheit zurückzukehren. (Bruno Ganz hat darin einen kurzen Auftritt als Engel.) Bis heute dreht Friðrik Þór beachtenswerte und anrührende Filme und Dokumentationen.

Der Tote von Nordermoor (2006)
Der typische isländische Mord ist schäbig, sinnlos und schlampig ausgeführt, schreibt Arnaldur Indriðason, der erfolgreichste Krimiautor Islands, in seinem Roman ›Nordermoor‹. Dieser Fall ist für den eigenbrötlerischen Kommissar Erlendur allerdings etwas schwieriger. In der glänzend besetzten und inszenierten Verfilmung von Baltasar Kormákur versteht man, warum die Isländer immer mehr Angst vor Verbrechen bekommen.

Heima (2007)
Auch wer kein Sigur-Rós-Fan ist, wird diese Dokumentation allein schon wegen der wunderbaren Landschaftsszenen mögen. 2006 begaben sich die »singenden Islandpullis«, wie die weltweit erfolgreiche Band scherzhaft genannt wird, auf eine Tour durch ihre Heimat. Dort spielte Sigur Rós eine Reihe von unangekündigten Konzerten vor außergewöhnlichen Kulissen – zum Beispiel in einem Fischöltank (Djúpavík), auf einer Wiese vor dem Hof Öxnadalur oder in einem rustikalen Café. Zwischendrin zeigt der Film intime und private Momente mit der sonst medienscheuen Band. Und keine Sorge: Die Interviews sind nicht wie viele ihrer Songs in der Fantasiesprache Hoffnungsländisch, sondern auf Englisch.

Bjarnfreðarson (2009)
Die Comedyserie rund um den altklugen, überstudierten Außenseiter Georg Bjarnfreðarson und seine beiden Mitarbeiter war 2007 bis 2009 der TV-Serienhit in Island, die Vakt-Reihe ist ein urkomisches und zugleich bitterböses Porträt der Gesellschaft. Die Trilogie ›Næturvaktin‹ (Nachtschicht in einer Tankstelle), ›Dagvaktin‹ (Tagesschicht im Landhotel) und ›Fangavaktin‹ (Gefängnisschicht) endet mit dem großartigen Kinofilm ›Bjarnfreðarson‹. Die Tragikomödie zeigt, dass der von Jón Gnarr gespielte Kommunist Georg, inzwischen aus dem Knast entlassen, vor allem ein Gefangener seiner Vergangenheit ist.

Gnarr (2010)
Wie es ein Komiker schafft, mit viel Humor und absurden Wahlversprechen (drogenfreies Parlament bis 2020, kostenlose Handtücher in öffentlichen Schwimmbädern) zum Bürgermeister der krisengeschüttelten Hauptstadt gewählt zu werden, zeigt diese unterhaltsame Dokumentation von Gaukur Úlfarsson. Zum Spaß gründete der Comedystar und ehemalige Punker Jón Gnarr gemeinsam mit Freunden »Die Beste Partei«. Der Film begleitet sie auf dem amüsanten Weg ins Rathaus.

Rokk í Reykjavík (1982)
Die Dokumenation von Friðrik Þór Friðriksson zeigt, dass die isländische Musikszene schon Anfang der achtziger Jahre äußert experimentierfreudig war. Damals war bereits auf den Bühnen Reykjavíks eine sehr junge Björk, die in puppenhaften Outfits bei der Punkband Tappi Tíkarrass sang. Einar Örn, mit dem sie später die Sugarcubes gründete und der heute mit Jón Gnarr im Stadtrat sitzt, spielte damals noch bei Purrkur Pillnikk. Friðrik Þór taucht in eine Zeit ein, in der es in Reykjavík zwar kaum Bars gab, aber viele Rock- und Punk-Musiker.

Reykjavík: Whale Watching Massacre (2009)
Ein Jugendfreund von Björk, Einar Örn und Jón Gnarr ist auch der preisgekrönte Poet Sjón. Der schrieb das Drehbuch des ersten isländischen Horrorsplatterfilms, der aber vielmehr eine Satire auf das Genre ist und sich zudem über Isländer und einen bestimmten Typus von Touristen lustig macht. Im Film landet eine Gruppe von Whale-Watching-Touristen unfreiwillig auf dem Schiff eines Walfängers. Achtung: viele blutverschmierte Harpunen.

Pressa (2008)
Die sechsteilige TV-Dramaserie ›Pressa‹, Die Presse, zeigt den isländischen Alltag und die Rolle einer Boulevardzeitung in der kleinen Gesellschaft. Einige der dargestellten Skandale basieren auf wahren Begebenheiten. Geschrieben wurde diese spannende Reihe rund um die Single-Mutter Lára, die gerade als Journalistin bei der Zeitung anfängt, unter anderem von erfolgreichen Krimiautoren wie Yrsa Sigurðardóttir.

Future Of Hope (2010)
Henry Bateman und Heather Millard konzentrieren sich in ihrer Dokumentation auf die Chancen, die Island nach dem Wirtschaftscrash hat – besonders durch seine reichhaltigen, natürlichen Ressourcen. Die ehemalige Präsidentin Vigdís, Autor Andri Snær, Energie- und Umweltexperten kritisieren das zeitweise ausbeuterische Leben ihrer Landsleute, geben aber auch Hoffnung. Ausgewählte Projekte zeigen, wie leicht sich nachhaltig wirtschaften lässt. Die beiden britischen Filmemacher waren so begeistert von Island, dass sie dort geblieben sind.

Nicht alle empfohlenen Bücher und DVDs sind hierzulande in den Geschäften oder bei klassischen Online-Versandhäusern erhältlich. Eine gute Auswahl bietet die Website www.nammi.is. Nammi ist ein Kosewort für Süßigkeiten, und diese können darüber ebenso geordert werden wie Bücher, DVDs, isländische Wolle, Lebertran-Pillen und natürlich Hákarl, der vergammelte Hai. Wie du deinem Postboten dann allerdings den Ammoniak-Gestank erklärst, musst du dir noch überlegen. Eine weitere Website zum Bestellen isländischer Produkte: http://www.icelandicmarket.com

... und wenn dich der Ehrgeiz gepackt hat: Im Reise Know-How Verlag ist der empfehlenswerte Band ›Isländisch Wort für Wort‹ erschienen. Wenn du dich richtig isländisch fühlen willst, dann besorge dir das Buch und bestelle die Sachen direkt beim Hersteller auf Isländisch.

Bildnachweis

Bauer, Tina 81 / www.tibauna.de
Benzinger, Olaf 52, 53, 92, 151, 229, 243
Farmers and Designers United 171
G.Rúnar 201
Grafik Claudia Geyer & Bernd Hesselbach 10
Hörður Sveinsson 207
Icelandic Love Corporation 36 (oben Foto Rosie Lynch, unten Foto Bernhard Kristinn Ingimundarson), außerdem alle Kapitel-Vignetten mit freundlicher Genehmigung von ILC, www.ilc.is
ÍTR (Sport- und Freizeitabteilung der Stadt Reykjavík) 232
Ósk Vilhjálmsdóttir 70, 84 / www.wanderlust.is
Sagafilm 118 / www.sagafilm.is
Sigurjón Einarsson 162
Svensson, Emma 221
Vík Prjónsdóttir 182, 183 (Fotos Gulli Már), www.vikprjonsdottir.com
Viktoría Rán Ólafsdóttir 225, 226

Alle anderen Abbildungen: Alva Gehrmann

Danksagung

Wie du inzwischen weißt, helfen Isländer gerne, ohne dafür ein großes Dankeschön zu erwarten. Trotzdem kann ich es mir bei einigen einfach nicht verkneifen. Ein herzliches TAKK FYRIR für die vielen gemeinsamen Stunden an: Anna G. Sverrisdóttir, Birta Guðjonsdóttir, Borghildur Óskarsdóttir, Daníel Björnsson, Hekla Dögg Jónsdóttir, Hjálmar Sveinsson, Erling Klingenberg, Sirra Sigrún Sigurðardóttir, Olga Guðrún Sigfúsdóttir, Ósk Vilhjálmsdóttir und Vilhjálmur Hjálmarsson.
Außerdem danke ich: Halldór Guðmundsson, Heike Faller, der Icelandic Love Corporation (Eirún, Jóní und Sigrún), Katrín Árnadóttir, Manuel Butt, Mareke Aden, Matthias Wagner K, Nadia Nasser, Olaf Benzinger, Ólafur Davíðsson, Ólafur Guðsteinn Kristjánsson, Ólöf Hrefna Kristjánsdóttir, Ruth Bobrich, Thomas Böhm, Thomas Hasel und natürlich der Insel selbst – für ihre zahlreichen heißen Quellen.